Puzzle Baron

Number Logic Puzzles

Stephen P. Ryder

ALPHA

Publisher Mike Sanders
Editor Brandon Buechley
Art Director William Thomas
Book Designer Lindsay Dobbs
Compositor Ayanna Lacey
Proofreader Rick Kughen

First American Edition, 2020
Published in the United States by DK Publishing
6081 E. 82nd Street, Indianapolis, Indiana 46250

Copyright © 2020 Dorling Kindersley Limited
DK, a Division of Penguin Random House LLC
20 21 22 23 24   10 9 8 7 6 5 4 3 2 1
001-316441-APR/2020

Published in the United States by Dorling Kindersley Limited

Trademarks: All terms mentioned in this book that are known to be or are suspected of being trademarks or
service marks have been appropriately capitalized. Alpha Books, DK, and Penguin Random House LLC cannot
attest to the accuracy of this information. Use of a term in this book should not be regarded as affecting the
validity of any trademark or service mark.

A catalog record for this book
is available from the Library of Congress.
ISBN 978-1-4654-9013-1
Library of Congress Catalog Number: 2019945966

DK books are available at special discounts when purchased in bulk for sales promotions, premiums,
fund-raising, or educational use. For details, contact: DK Publishing Special Markets,
1450 Broadway, Suite 801, New York, NY 10018
SpecialSales@dk.com

Printed and bound in the United States of America

All images © Dorling Kindersley Limited
For further information see: www.dkimages.com

A WORLD OF IDEAS:
SEE ALL THERE IS TO KNOW

www.dk.com

Introduction

The puzzles in this book all share one common denominator—numbers. All you need to do is figure out where they belong.

You've likely heard of Sudoku puzzles, the 9x9 grids of delightful brain-sharpening entertainment. But have you heard of Fillomino puzzles? Plotters? Skyscrapers?

Test yourself on the 16 varieties of number puzzles in this book. With reasoning and process of elimination, anyone can solve these brainteasers! Whether you're a seasoned number puzzle pro who has tackled every puzzle thrown at you, or you're fresh on the number logic puzzle scene, this book has something for you.

Each of the 16 sections includes thorough directions on how to solve the puzzle type, as well as helpful examples to get you started. Some puzzles increase in size as you work through them, offering you hours of mind-sharpening fun.

Grab your pencil and your eraser, turn to page 6, and start puzzling. For the answers, turn to page 217.

Numbers 1–9 appear once
—and only once—
in each column ...

← row, ...

← and grid.

				2				
2	6	9	3	4	8	1	5	7
				9				
				5				
				1				
				7				
				6		5	9	8
				3		7	4	1
				8		3	2	6

Sudoku

Fill each empty square with the numbers 1 through 9, so that every number appears once—and only once—in each row, column and 3x3 square. Each puzzle has only one solution.

The numbers 1 through 9 are used once—and only once—in each row (A), column (B), and 3x3 square (C).

1

			7				4	6
		4					7	
	8	6	4	1				
1	9		2					
		2	8		5	9		
					9		3	2
				4	3	1	8	
	3					6		
5	6				7			

2

7	2			3			9	
	3	8						
		9			7			1
	6	5	2		8			9
	8						6	
3			4		6	8	1	
9			3			2		
						1	5	
	1			7			4	8

3

4		9						
8					3		6	
1			4	8				5
	6			4				
		1				2		
				9			3	
9				7	4			8
	7		8					6
						3		4

4

5			3		2			
9		1		5				8
	7						6	5
3					8		9	
			4		1			
	6		9					2
2	5						4	
4				7		2		9
			2		4			1

5

		5	2		9	4		3
							9	8
	9	7					5	
	3		6					9
	2	8				6	1	
9					4		3	
	7					1	4	
5	6							
1		4	5		2	3		

6

	4							
6						5	3	
		5	8	9	6	4		
			4	7		8		
		6				7		
		9		5	1			
		1	9	6	8	3		
	5	4						8
							9	

7

		5				9	4	
	8				4			7
3			7		2			
			6			4		
	2	6				1	8	
		1			9			
			4		3			9
7			2				6	
	5	2				8		

8

	7			6	5			
8					4	3		
1	5				9			8
	3	8					6	
7								9
	6					4	1	
5			7				8	6
		9	2					1
			6	9			5	

9

5	2		9					6
	8	3						
6			5	4				2
		7						
		9	1	2	8	7		
						5		
3				7	1			5
						3	1	
1					6		7	4

10

		9	7		1			
5					3			
1	8	4		6				
		1		7			8	
4								3
	3			2		6		
				3		8	6	5
			6					2
			1		9	7		

11

	8					5	4	
				1	6			3
	3			2				6
		5		9	4	8		
				3				
		3	1	6		9		
7				8			5	
8			2	4				
	2	4					1	

12

	3	2		6				
	4	9			1	5		
6					8			
7		4	6				1	
	1			4		7	8	
	6				9	7		5
			8					6
		7	5			2	3	
				1		4	7	

13

		1			6	4		
	3						2	9
			7			6	1	3
1			9					
		2	3		7	1		
					4			7
2	7	5			8			
4	1						9	
		9	4			8		

14

					7			5
9			6	1				
1		2	3			9		
4	1				3			7
2								4
3			4				1	8
		4			1	8		2
				3	4			1
6			8					

15

7					9	4		
9	5	4	6		7			
			1				5	
				9			2	4
8								1
5	4			8				
	7				5			
			9		2	6	7	5
		5	4					2

16

	1			8		5		
6		9					3	
	2						4	
	9	4	6		8	3		
2				5				4
		6	3		1	2	5	
	4						1	
	7					4		5
		3		1			2	

17

3								
		5	4	8	2			
	6						8	1
		1	9					8
			7		6			
7					5	4		
9	3						4	
			5	4	7	2		
								6

18

	9					6		
	6		5			8	9	
7			9			1	4	
			7	6				9
				8				
3				2	9			
	3	9			7			4
	4	5			3		7	
		8					6	

19

			8	1	5			
					2	1		7
	5		7		6			4
9	1							2
		5				4		
6							3	5
1			2		4		9	
2		6	5					
			1	8	7			

20

1		3	9			7		
	8		1			4		
	6				8		1	9
			4	1			5	
9								1
	5			7	9			
6	9		5				2	
		5			4		9	
		2			1	3		5

The number in this square should be greater than 2

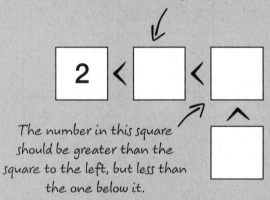

2 < ☐ < ☐

The number in this square should be greater than the square to the left, but less than the one below it.

Above or Below

Fill each empty square with the numbers 1 to W (where W is the width of each puzzle; for example, W=5 for a 5x5 puzzle), so that no number is repeated in any row or column, and each greater than or lesser than equation that appears between two squares is satisfied. There is only one solution for each puzzle.

In Above or Below puzzles, standard Sudoku-like rules apply: Use each number once—and only once—in each row and column. Additionally, each pair of squares with a greater-than or less-than sign between them must adhere to that rule.

In this example from a 5x5 puzzle, only the numbers 1 through 5 can be used. We can see from the greater-than signs that three numbers each larger than the last (and each of them larger than 2) must be placed in the empty squares. The highest possible number is 5, there are only three numbers that can be placed there, and they can be placed in only one specific order to make all those rules fit. Therefore, you can enter 3, 4, and 5 in those boxes.

21

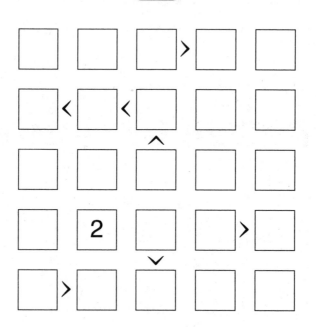

22

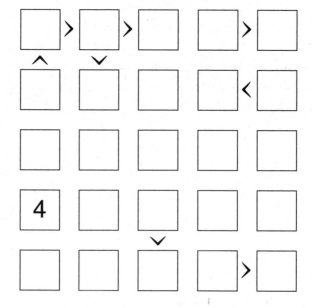

23

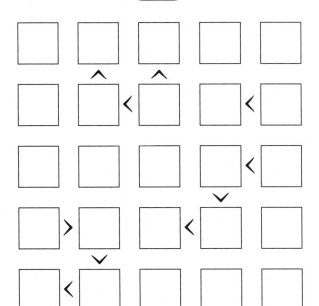

24

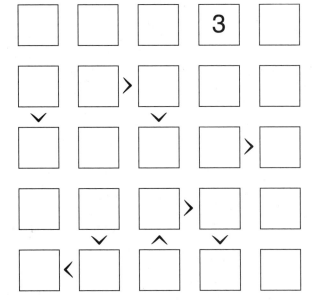

25

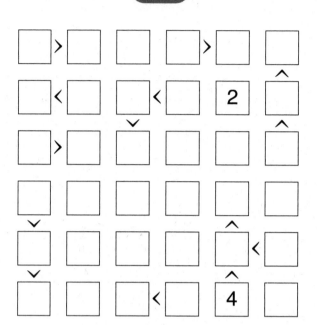

26

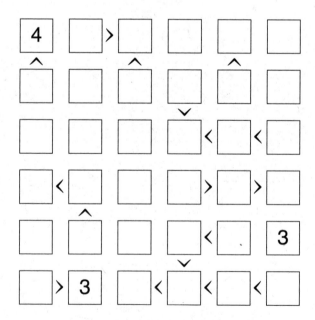

27

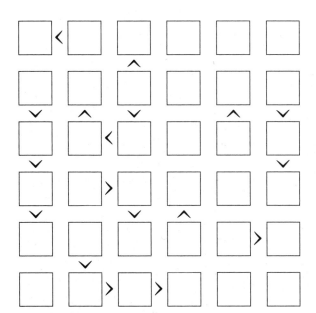

28

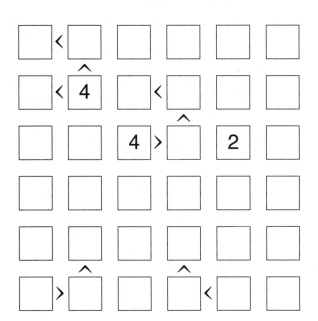

29

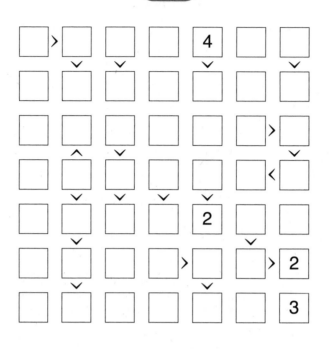

30

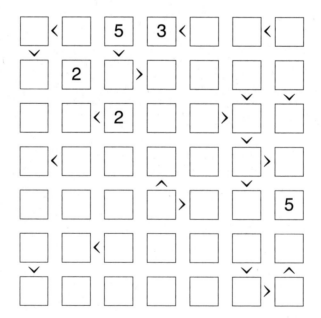

31

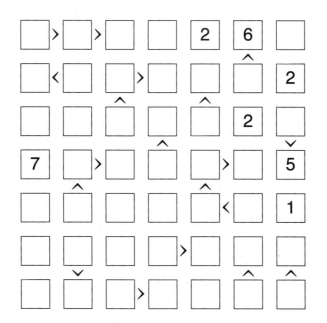

32

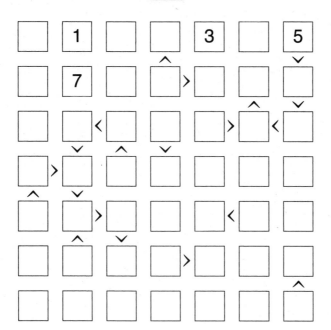

33

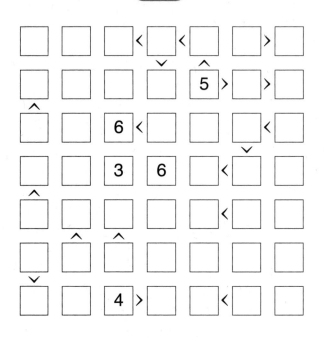

34

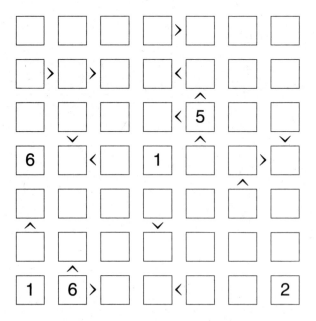

35

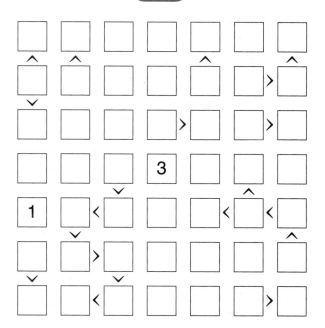

36

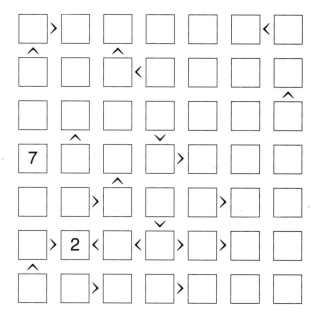

37

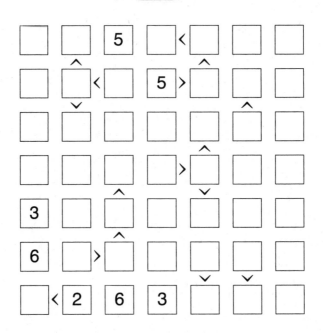

38

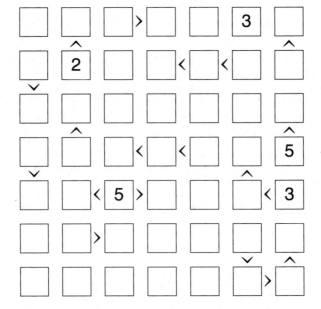

39

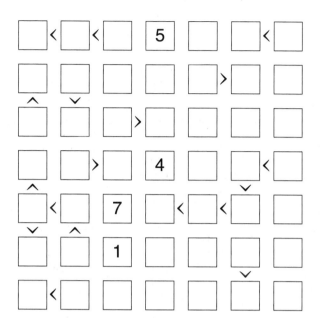

40

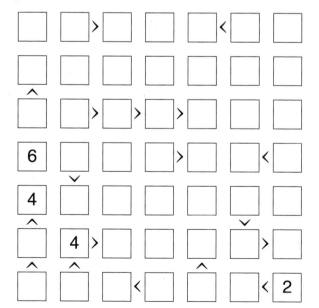

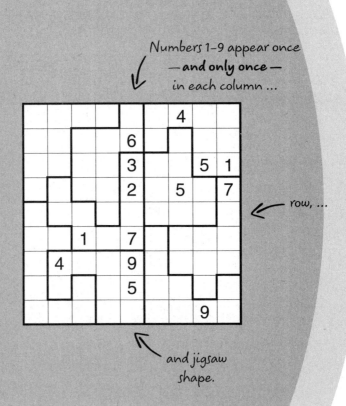

Numbers 1–9 appear once
—and only once—
in each column ...

← row, ...

and jigsaw
shape.

Jigsaw Sudoku

Use the numbers 1 through 9 to complete the grid so that each number appears once—and only once—in each row, column, and jigsaw shape (outlined in bold). Each puzzle has only one solution.

In this example, let's try to figure out where the number 4 will appear in the center column. It can't be in the top square because there's already a 4 in that row. And it can't be in the bottom square because there's already a 4 in its jigsaw piece. Therefore, the 4 can only fit in the center square.

41

						4		
						3		
2		4	3			1	8	6
	6		7	4			1	
	1			7	5		9	
6	5	1			7	8		2
		6						
		5						

42

		6		5	1	7		8
				3				
	9							1
	5							2
		1				5		
1							9	
5							3	
				6				
2		8	9	1		3		

43

44

45

						6		4
1				3				
	9		6	5		1		
2					1			6
	7						2	
4			5					3
		8		2	6		4	
				7				2
6		1						

46

	5				5			
7		2		6			1	
			9	3			5	
				2		5		7
2		1		7				
	7			9	6			
	4			5		2		8
							9	

47

3			8		5		7	
			4		3			
	6			1				4
	5					8		3
8		4					9	
2				5			4	
			1		2			
	7		5		8			9

48

		3					1	8
8					4			
	1		6	4		3		
			3					
				6				
					1			
		9		5	7		6	
		5						2
7	2					1		

49

50

51

				3				
3	5	7		1				4
	4							9
		9						5
	9	8				3	2	
7						9		
6							4	
9				6		4	7	3
				2				

52

	9							2
				2			5	
	6			1		4		
			8	9	2			
		4				5		
			3	4	9			
		2		5			7	
	7			3				
4							6	

53

54

55

								8
	9			7		1	2	4
1	7					9		
		6				4		
			6		8			
		9				8		
		1					9	2
9	8	3		6			4	
4								

Standard Sudoku rules
apply, so each number is
used only once per row
and column.

The number that goes in this
empty square must be 1 more or 1
less than the square on the other
side of the black bar.

Neighbors

Fill each empty square with the numbers 1 to W (where W is the width of each puzzle; for example, W=5 for a 5x5 puzzle), so that no number is repeated in any row or column. A bar between two numbers indicates that those two numbers are neighbors, meaning one is either the number immediately before or immediately after the other. For example: The potential neighbors of 3 would be 2 and 4. All neighbors are indicated at the start of the puzzle. The absence of a bar between two numbers indicates that those two numbers are not neighbors.

Each puzzle has only one solution.

In Neighbors puzzles, standard Sudoku-like rules apply: Use each number once—and only once—in each row and column. Additionally, each pair of squares with a black bar between them must be either 1 more or 1 less than the other neighbors.

In this example from a 5x5 puzzle, we have two separate paired boxes. In the left pair, we know the only neighbor of 1 is 2, so the far left box must be 2. In the right pair, the neighbors of 3 are 2 and 4, and because we already know 2 is in the far left box, the far right box must be 4.

56

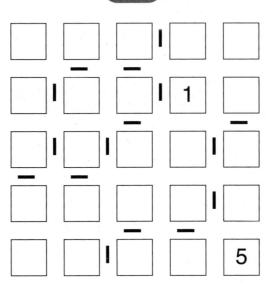

57

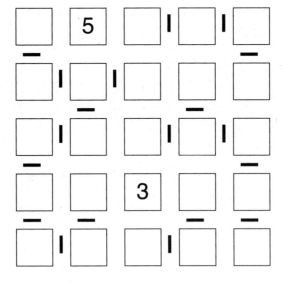

58

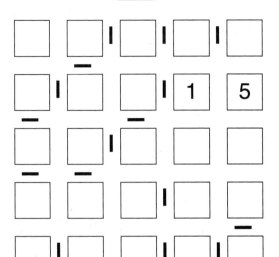

59

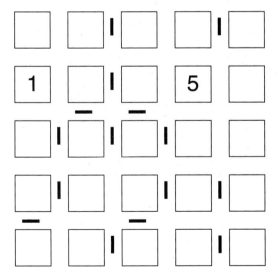

60

	6				
	3				
			5		

61

4					
	5				
			1		

62

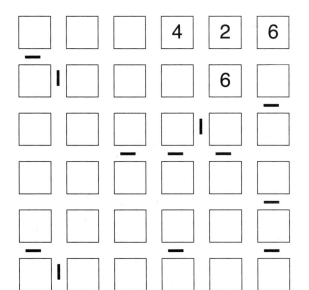

63

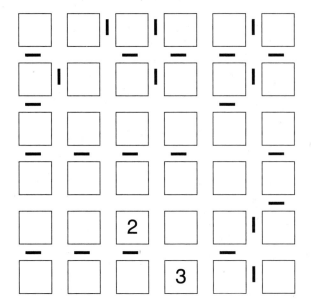

64

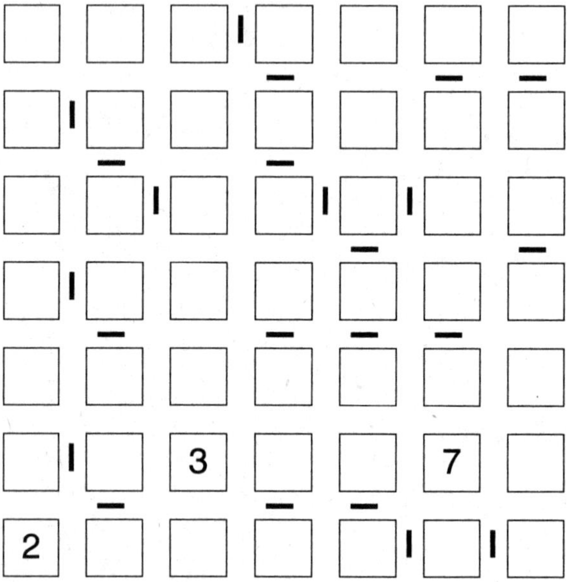

65

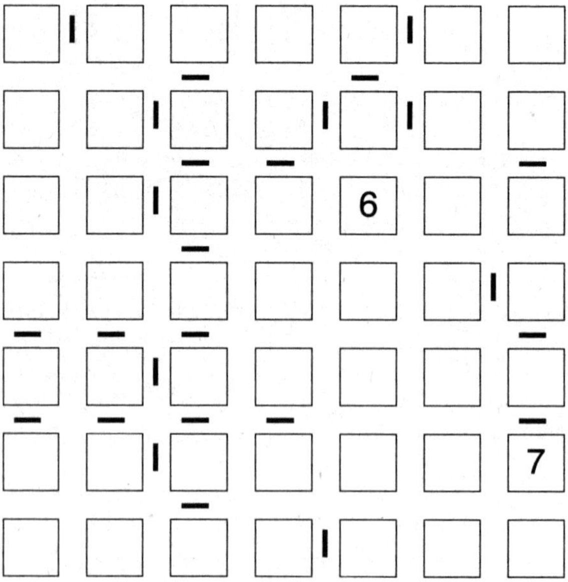

66

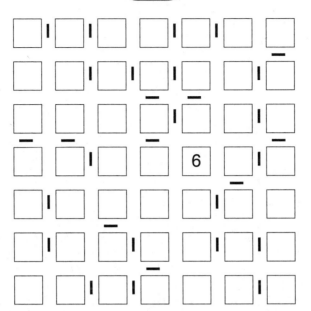

67

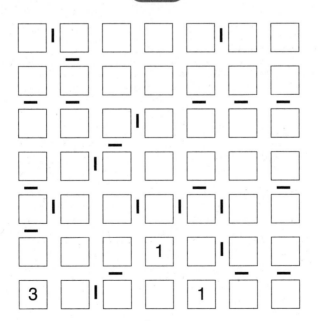

68

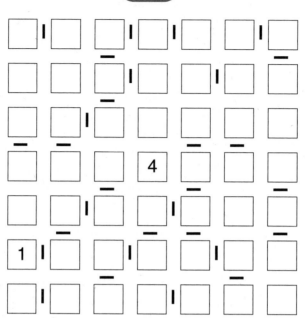

69

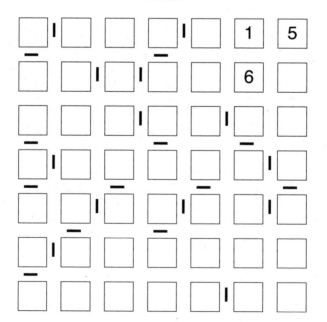

70

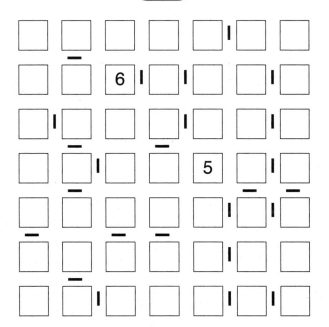

71

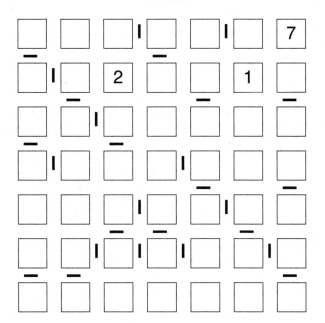

72

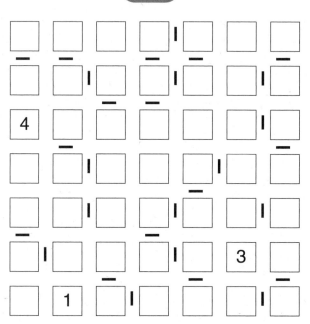

73

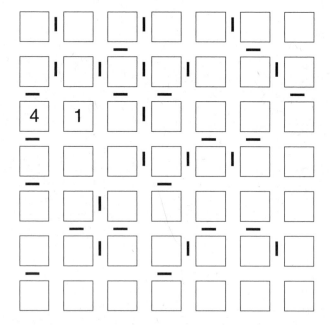

74

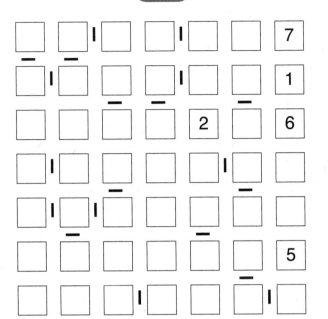

75

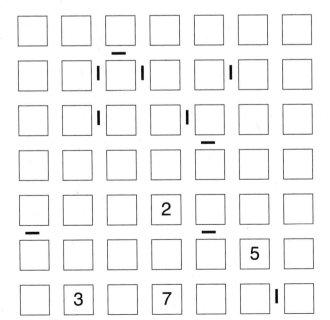

The numbers in the dotted area must add up to the small number.

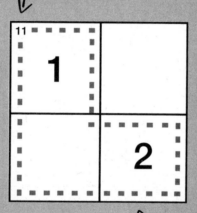

Standard Sudoku rules apply, so each number is used only once per row, column, and grid.

Killer Sudoku

Just like regular Sudoku, fill each empty square with the numbers 1 through 9 so that every number appears once—and only once— in each row, column, and 3x3 square. The numbers given at the top-left of some squares indicate the sum of all values within each area bounded by the dotted line. Use simple arithmetic and logic to find the unique solution to each puzzle.

All the rules of regular Sudoku apply here. For example, use all the numbers 1 through 9 in each row, column, and 3x3 square. However, the numbers in each area enclosed by dotted lines must also add up to the small number printed in the top-left corner.

In this example, you have a dotted area that is three squares large and needs to add up to 11. Because you already know there is a 1 and a 2 in two of those squares (first example), you can deduce that because the three numbers must add up to 11, the missing number must be 8 (second example): 1 + 2 + 8 = 11.

76

77

78

79

80

81

82

83

84

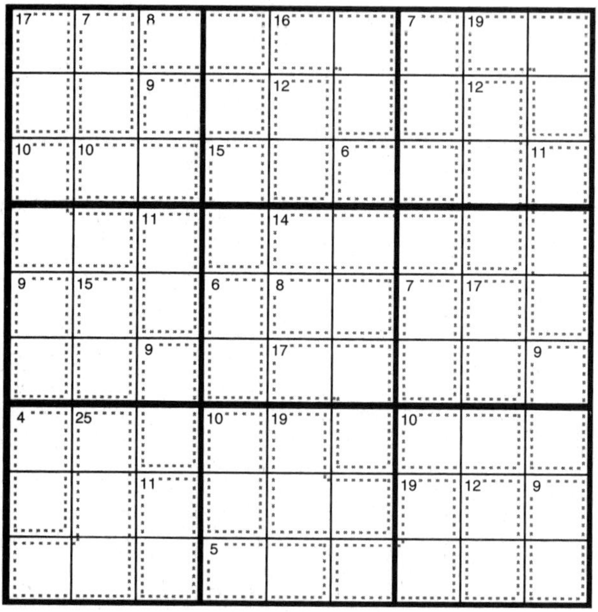
17 7 8 16 7 19
9 12 12
10 10 15 6 11
11 14
9 15 6 8 7 17
9 17 9
4 25 10 19 10
11 19 12 9
5

85

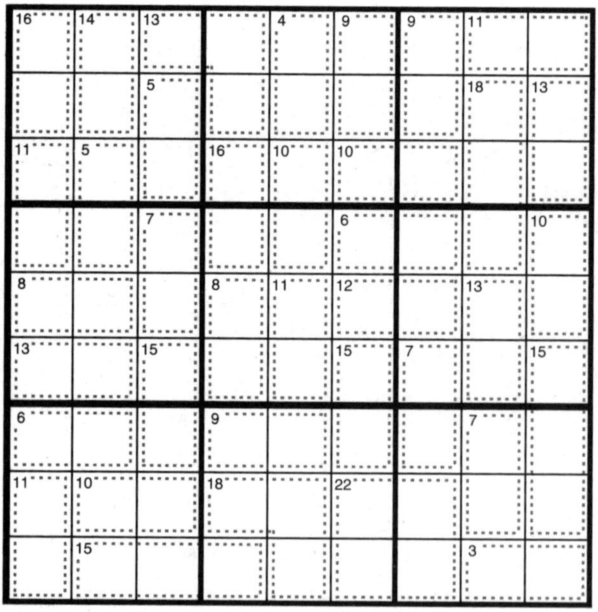
16 14 13 4 9 9 11
5 18 13
11 5 16 10 10
7 6 10
8 8 11 12 13
13 15 15 7 15
6 9 7
11 10 18 22
15 3

86

87

88

89

90

91

92

93

94

95

These two squares are "blocked" from sharing a side with any number other than 3.

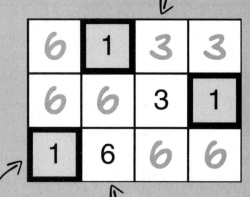

1 is a polyomino on its own

Empty adjacent squares should be filled in with **6** to create a polyomino of six squares.

Fillomino

Fill each grid with the numbers 1 through 9 to create polyominoes (shapes made of squares that share at least one side) with the same number of squares as the number written within them. No polyomino can share a side with any other polyomino of the same size. Use spatial logic and reasoning to find the one solution to each puzzle.

In this simplified example, we know there are two areas to be filled in: one with 3 linked squares, and one with 6. The two empty squares at the top-right are "locked-in," meaning they can only be 3s. That leaves five remaining empty squares, all linkable to the 6.

96

	4				5				
1		1		5	1			1	3
	1	3	1		6	7			1
5							3	4	
		1			1	3	3		1

97

			3						1
	1		1			1			
	5	1				9	5	1	2
				8		1	4		1
1				1	3		1		

98

	1		4		1			1	
		1		1	8				
8	1			7					1
						5	5	2	
		5	1	2	1	5			

99

					1		1		
		7	1	2	7				
1		6		1			1	5	
	1				3	4		1	3
	3		1		1				

100

3	1					1			
				9	1		5		1
1				2	4			1	
7			1		1		1	2	
1							5		3

101

2	1	4	4	1					
			4			4			1
1					1	6	1		
4		5	1	8	1		3		
		4				1	5		

102

1		1			7				1
9			7		7				2
4				7	1	8		1	2
	1			1		1		7	
		1	3						
	5		6	3			6	1	
	1					8			6
	5				4	1	6		1
	4	3	1		4	5	1		3
								1	

103

1		1			7	1	5		1
		2		4					
		1		4			1		1
1		8			1	9			
	1	5			5				
2							1		1
1			1			7		1	5
	9				1	4	4		
	3	1			6	4	1		
	1	3		1				1	

104

			1		1				
		8	5			5			
					9	1	9		1
6	1						4	4	
		6	6	6	1			4	1
1		1			7			1	3
3						7			
1	9			1	6			5	1
			4					5	
	1	5	1		1		1		

105

1	5	1			4	1	5		3
			4						
1		1				1		1	3
			8		1		1		1
4			5						3
	4	6	3	1	6			6	
	1				5			7	1
1		1	5		5				
2	3		6			2		1	
	1				1		1	4	

106

		1	3		1		1		
1		4	1			9			1
							1	3	
3	1		6		7			3	1
1			1		1	5		1	
5						1			6
		1			1		3		
	1	2					1	3	3
			3						3
	4	1		1	8	1		4	1

107

	1				6		1		1
			1	6	6				
4	1	8		8				1	4
9						1		4	
				1				1	5
4	4	1		4	5	5		3	
	4		4	4				1	
1				1		8			
	7	5				4	1		
1		1						1	3

108

			1						8	1				6
			3	6		1		1				1		1
4			5		1			6			1		1	
1	5			1			6		1	4	2			2
3					4	1	5				1			
	1	6	3	3		4		1		3	1	7		1
		1		1		1	6		3			6		
	5	6	1		1		3							
	1						1			5	1			1
1				1	4	1			1	4				
		4	1						4	1		1	3	1
	1					8	1			6	1			
1	7			1		1								6
3			5		5				1	4			3	2
	3	1			1	2	1			5	1	3	1	

109

8				3		8		1	3		1		1	
			1		1					1	9			
	1	3		1				4			5			
1		5				7	1		1	5			1	
	1					1	5	1		8				
		3	1									1		6
6	1		3		6	1			1		5			
		1					1	3		1		1	3	1
1		4	5	5	1			1				5	3	3
			5							1		1		
2	1		1			9	1		1	7		1		5
	8		3	1			1			1		1		
1				5			6		5	1	4		1	
		1		1		1	4				4	1		
								1				1	6	

110

1		1	2	1				1				6	1	2
					1	7				2	1			
				1	5				2					
1	8	1		6	1		1					7	1	3
	1	4				2			1		5	4		
2			4	7				4	1			4	4	3
		1			1	5			3	1				
		6		6			5			3	7	7	1	
7	6			1	7			1		1				1
		5			5							9	1	
8			1		1	6	1	5	5		5	4	4	2
4										5	1			1
		1			1	5		5	1					
1		5	6						3	4	4		9	1
			1				1		1			1		

111

	1		1		1					1	5			
			3		8		1	3	1			6		
4	1				1		5			7		6		1
1		1				3				7		1		6
			7	1	3		8			7		5		7
		1			4			1		1		5		
	1		3	4	7	5		4		4		1		
		3	1					6			4		4	
4	1	4			1					2	4	6		1
		7		1			1		1					
		1	5			1				5			5	1
1					1		4		8		5	6		
2	1				6	4	4			1			1	
	3		1	4	1	3	1	5	5					6
1		1								1		7	1	

112

4	1					1	5	5			1			
	3		7		1	7			5	1		1	4	1
		1		1										
	1	6				1	2	1	3	7	1	8		
	3		1	6			2		1					1
3				8			1				1			
		9		8				1	8		3	1	3	
1		1		1			1			1			4	
	1	7			1		4	5	5					
2		1			5		1		8	5				3
			1				5		1	6		1	3	3
1			1				1				1	5		
2	1	8			1									1
		4	1			1		1		5	1			3
1						9		7	5		5		4	

113

	1	7	1		4		1							1
				2	1					1				8
	1		1				9			6				4
2	9	1	7			1		1	6		1	5	5	
				1		1		1						
6	1				6		3			5	1		1	
		6	1	6				3		1	7			
		1	3	1	5		1				6	6		1
4						5		9	2		1			
	1	7			1					2	1	8		
						1								1
1	9	1	7	1				3	1	4			1	
			6			1			1		1			3
	1	6	1	4				1	7					1
6					1					1		5		

114

7	1				1							1			1			4	1
		5	5	1			1	8	7			4		1	3	1		1	
		1				6	4	1				5				3			2
1					1				1	9			5						1
7	1			4	9			1	3		1			1			7		
			1						3						1		1	8	
			1	4				1	2	1		6	3	3				1	
1			1	4			1		6	1			1			5		5	2
7	1	3	5			1					1		6	9				1	
		1			1				5	5	3		1			6	6		1
			1	3		4		5		5	1		8		8	1			6
1		1			3	1				1				4		4			
				4	1						1	5	5		4				
	1			6	1	3	1		9		1		4	1			1		1	7
1			4					8	2						8			9
		1			1				1		7	1	9	1	8				
			1		1			1		1					1	4	1		
1	8	1	2	8			1				3	1			1			4	
	3	2			1				1		5		6	1		1			
	1		1			1	4	1					1						1

115

7			1			1			1	6		1				1			
1	6				4								5		6	4	4		
		1			1	5		9	5		5	1		4	1				
			1			1		1			4		1			1	5		
1		1				5			3	1				1					1
		8	1	4	1			7	3	1	7		7			1			4
			8					1		6			1	2		9	1		
	1		9			1	5		6						4				
6	6			1	5		5	1		6	8	1	4		1		1	4	
	1	6	1		3			5		1				1			4		
	1			3			1		5							1			
4		1					8		5	1		7	6	1	5		5		
2			5			1			1				1	3				1	6
	9			6				4		1	6		3	3				6	1
1					6		1	4	4		6				1	4			4
	1			4	1						5	5	1	9					
2			4		1			5	5	9		5			1		1		
		5	2	1	4	1	5		1	2	1		1			6	6		1
1		1		5								7		4	1				
		4						6	1							4	1		4

116

5	1			1		1	8	1	7	1		1		1		1	3	1	
	5				2														
	5	1			7				1	7	7	4	1	5	4			1	
				5				1	9							4	1		
		1	5	1	3	1					1				8		6	1	6
	6			4	9		1			1			1	2	1		1		1
		4		1			6			1				2					
1	3			6							4	6		1				9	1
5			6				1	3	1		1					5	5		
		1			8	1		6	1				2				5		
	3	7			1					1		6	1				4	1	
3	1	7	7				1			7								8	
1	7				1		1	8			1			9	1			7	2
		1			1	6			1		8			3	3				1
1	4	1			7		1				1		1		1	5			5
	1	3	1		1			1		1	4	4	8						1
7					7			3		4				1			5	2	
						9	6								1				
	5	5	1	2	4	1	4	1			4	4		1	4		1		9
1					1				1			1		3	1		4		1

117

1			1						1				1				4		1
				8		1	5			4	5	5			4		5	1	
9			8					1	9			6	4			7	4	1	3
1	4	4	1	6		1		5						6					
6			4					1				6	6	1			4	1	
			1			1						6	1			5			1
1		1			5	8			1				6			5		1	3
	1			1		6		4	4	6	1		9			1		1	
			1	2	1			4	4				8				6		1
	4							1	6	6	3	1			6		1		
6		3	1	3		1		5	6	6	3		1			1			5
	3	1	4			5		1	6		1			9	6			1	
	1		1		1			3						1					
		8	2	1			1	3	1			1			4	4	1	2	
		1								7		1	4		1			5	4
	1		1	8		5	8				1					1			
4	4			1			1			3			6		1			1	
	4			6	4	4			1		6		1			7	3		
5				4	3		4	6						1		1			
		1			1		1	6	6	1				7			4	1	6

118

	1		3	1					1	5		1	5			1	6		1
			5		3	3	1		6				7						
5	5	1			3					1	5	1		1	4	4	1		1
			1			5												1	
	8	1				4		8	9			1	5			1			3
		6				4			1	8	8			5		6		1	
7			1	4	1		5	5	5				1						3
			7			6	5			7	1		4	1		3			
	9	1		3	1			1			1			1				1	2
1			1		1		1	3	1			1				7			
			1	2					3		1	9				7			1
4	1			3		8					1		1	7					
		1		1			1	6	1		1	6		6					2
	3	3		7	1	3	3						6			1			3
4					6		8	1	4	4	1	8	1				4		
8			1		6	6	1		4			1		7	1		5		
			7						5		5		6		5	1			
3	1	7			7	5		5	1		8		6				5	1	
1			1		4	1		5						1			4	2	
			6	4				7	1	7			1		3				

119

1	5		1	4			1			1		1			5	1			
			1			3		4			1					6	1		
	7	1		1			7	1		1		3	2	4		1			
					4	1			1	4		1		1	8		4		
	1	2		1	4	1	6							7				4	
5		1		3					1		1			7					1
		3	1			7		1	4		3	7	7		2	1			
	1			1	6	1			1	8			7	2					
		3	1					1								1	6	1	
	4	1			9	6		1	6		1		1	7				1	
1				1	7				1			1			1	5		5	
	5	6						7	1	8				1	5	5			
	4	2		1	5					8		1				1	8		
		2	1													6			
	3			1	6	6	1	3	1	3	9	8		2	1		1		
3	1	3						5	3			2		5		5	1		
	7	4			7	5		1			1	3					2		
		4		1	3	3		9	1	6	1			1	6		2		
				3	1					1	3	1	3		4		1		
1	6				1				6						1	4			

120

1	2	3	4	5	6	7	8	9	10	11	12	13	14	15	16	17	18	19	20
	1			3	1						8								1
			3			1		1		1			7	1	5	1		1	
9	1	4	4	1	2	9	1		1						1	7		7	4
		1	4	4				2	4	4	4	1			3				1
1					1			1		4	1				1	8		1	
		5	4	6					1	6		5		5					
1	4			1		6	1		5			1	6			6			5
	5						6	6	1			6						7	1
5			1	7				6	1				1	6			6		5
1				3				1			5				1		6		6
	6	1		1		1		3		5	6	1	9	1	6		7		
			1			3	1											7	
1	4	1	8			4	4			1	7			1					7
					1				1			1			8	1		1	
		5			4	1		8	1	5		1		1	4			4	1
6	1		1		1	4	1							3	8				
		5		1			7		1		1		7	1	7	7			
		1			7		7	7	1		7	1	7	7					
1		9		1		1							3					3	
	1	3	1			5	8	1		1			3	1		1			

121

			1	5		3	1					1		3			2	1	
1						3					9	1	3	3	4		2	3	
		9	1		1	5			1			4	6				5		
		5		1		3	1			1		1			5	1			2
1		1	4					7				3	5			4	1		
3	1				4			7	1		1		1		1	4			1
		5	5			1		1				8	1				3	1	
1				1	3		4	1			9		1				3		5
	1	6			4			7			1				7	1	8	1	
		4	1						1										1
				1			1			1		1	6			3	1		
1	5	5	6	1	8		1	2	1			1			6	1			2
3				3				3		8		6		1		5			
	3				1				1			1		3			5		
1		1			4	1	7		1	7		1	7	7	3				4
	6		1			4	1		1					1		8	1		
	6					1				1						1			
4	1		9	1			5	5	6	6			9			4		1	2
	1			1						1			2						
	1		5		3				8		5	3	1		1		3	1	

Numbers 1–9 appear once
—and only once—
in each diagonal row …

horizontal
row, …

and triangle.

The outer rows
include the "tip."

Stardoku

Fill each small triangle with the numbers 1 through 9 so that all six horizontal rows (see A), all twelve diagonal rows (see B and C), and all six bolded large triangles (see E) contain each number only once. Note that each of the six exterior rows (see D) will also have its associated triangle tip turned at the end, and some rows are non-contiguous and jump the center hole.

122

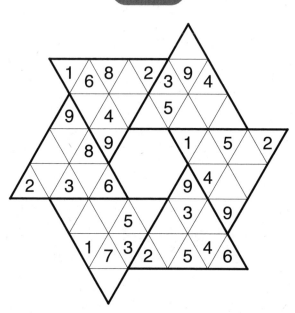

123

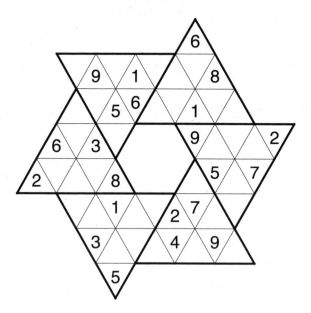

124

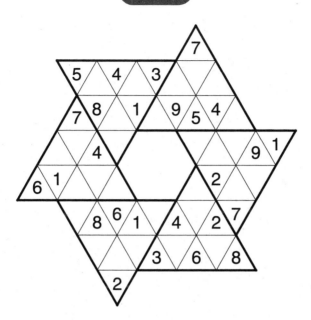

125

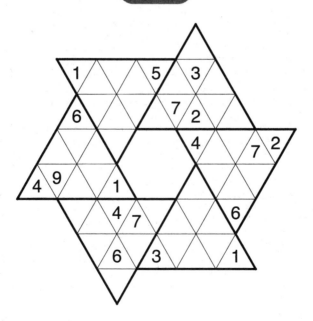

126

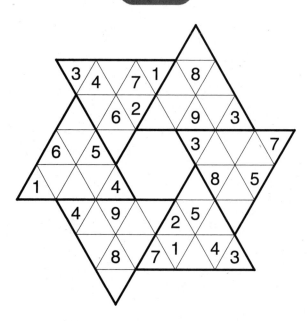

127

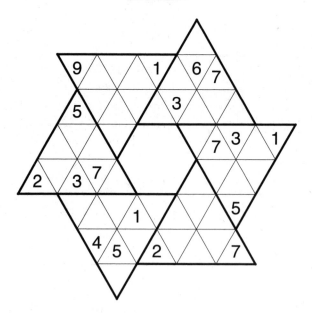

128

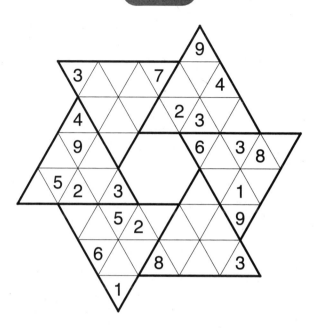

129

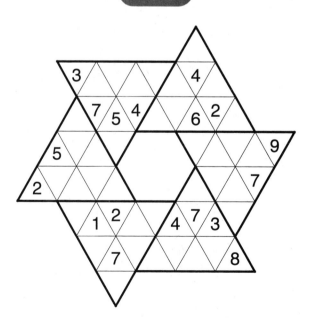

130

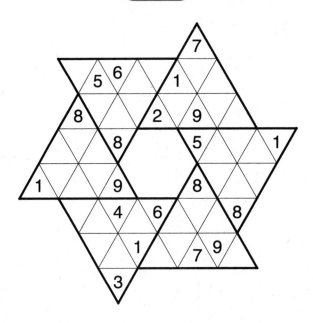

131

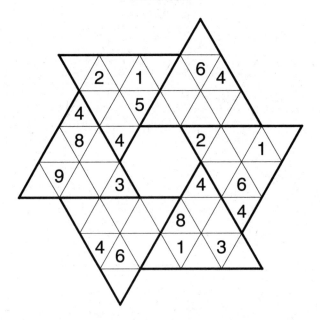

132

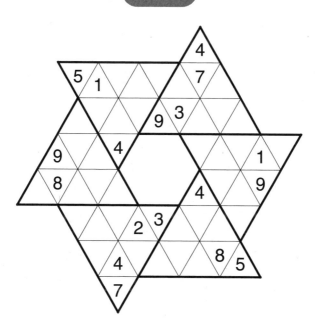

133

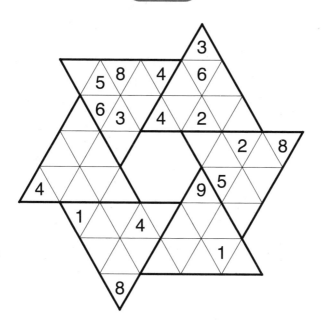

134

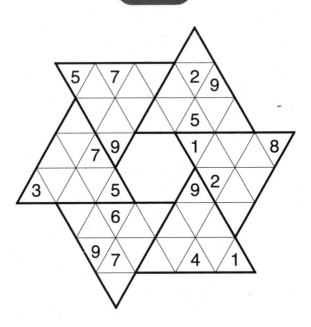

135

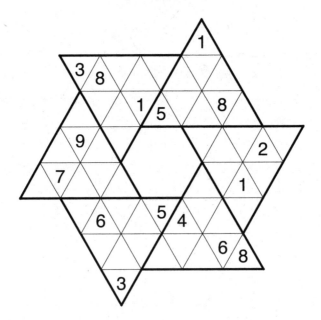

136

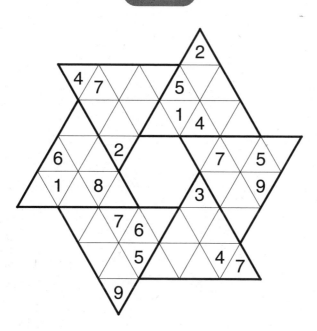

Draw a line to link two matching numbers.

↓

1	2		
		1	
2			
3			3

Lines can only turn 90°, **no diagonal lines.**

Lines cannot intersect.

↑

All squares must be used and contain only one line.

Numberlinks

Connect pairs of numbers by drawing lines through the grid in such a way that (1) all paired numbers are connected, (2) no line touches or crosses another, and (3) all squares on the grid are used. Lines can only perform left and right 90-degree turns (no diagonals), and each puzzle has only one solution.

In this simple example, you can see how there is only one unique way to link all three pairs of numbers without (1) crossing lines or (2) leaving any squares empty.

137

		1	2	3	4
	2		5		4
	1		6		5
3					6

138

	2				1
	3				2
	4				3
	1				4
5					5

139

1					2
	2				
	1		4		
			5		
	5				
		3	4		3

140

	1			2	3	4	5	6
	7		3					
		8				4		
			7	8				
				1				
5								
9			9	10		2		
10								6

141

			3	4			5	
		4						
		1						
			6		7			
			8		9			
1	3	6	8	7	9	2	5	2

142

1						2	3	4
	5					6	7	
2								4
5			1					
	3							
	8			8		7	6	
9								9

143

1								
2								
						4		
	5			6				
				4				1
3								2
5					6			3
7								7

144

1	2			3				
						4		
	2				6			
	3					5		
				5		6		
4								
7							7	
1								

145

3								
				4	2			
	1	5						
					3	5		
			2					
					4			
							1	

146

3								
		4			4			
	1							
				2				
			1					
								2
								3

147

		5							
				4			6		
								3	
			5						
			6					2	
				2		1			
			4	1					
								3	

148

2										
		3			5					
							4			
							6			
			1				5	4		
				1						
						3				
6										
									2

Numbers 1-9 appear once
—and only once—
in the puzzle ...

9	−	1	−	6	=	2
+		+		×		
8	×	7	+	3	=	59
+		+		+		
5	−	4	+	2	=	3
=		=		=		
22		12		20		

to satisfy
the
equation in
each row ...

and in each
column.

Mathdoku

Fill each empty white square with the numbers 1 through 9 so that all six equations (three horizontal and three vertical) are satisfied. One number is given to you at the beginning of each puzzle, and each number 1 through 9 will be used only once. There is only one solution that will satisfy all six equations.

In this example, you can see how each of the six equations matches the given total. In the first row, for example, 9 - 1 - 6 = 2. In the first column, 9 + 8 + 5 = 22. Every number from 1 to 9 is used once—and only once—in the correct solution.

149

	÷		−		=	0
×		+		+		
	×	9	+		=	68
+		−		−		
	÷		−		=	3
=		=		=		
62		10		6		

150

	×		−	8	=	20
−		−		÷		
	×		+		=	32
+		+		+		
	×		+		=	28
=		=		=		
8		4		5		

151

	÷		+		=	12
−		×		+		
1	×		+		=	8
+		+		+		
	×		−		=	25
=		=		=		
9		14		21		

152

	×	9	+		=	49
×		÷		×		
	×		+		=	9
+		+		−		
	+		−		=	13
=		=		=		
12		11		22		

153

	×		+		=	14
×		+		+		
	×		+	9	=	24
−		+		+		
	−		−		=	1
=		=		=		
33		8		17		

154

	×		−		=	27
−		×		×		
	×		+		=	34
+		−		−		
6	−		+		=	5
=		=		=		
11		34		34		

155

	×		−		=	14
−		×		×		
	×		+		=	25
+		−		−		
	+	1	+		=	13
=		=		=		
9		23		29		

156

	−		+		=	5
−		+		×		
	÷		+		=	11
+		+		−		
	+	5	+		=	16
=		=		=		
13		12		30		

157

	+		+		=	22
×		−		−		
	+		−		=	4
−		−		−		
	×		+	1	=	33
=		=		=		
37		0		3		

158

	+		−		=	12
×		×		−		
	×		−	5	=	7
−		−		+		
	+		−		=	6
=		=		=		
13		46		2		

159

	×		−		=	5
×		−		×		
	×		+		=	23
+		+		+		
	×		+	9	=	57
=		=		=		
43		3		15		

160

	+		+		=	17
+		+		×		
1	×		−		=	6
+		+		+		
	×		−		=	17
=		=		=		
14		17		17		

161

	+		−		=	10
+		×		+		
8	÷		+		=	9
−		−		+		
	−		+		=	0
=		=		=		
12		14		12		

162

	+		−		=	10
−		+		+		
	−		+	9	=	10
+		−		+		
	×		+		=	58
=		=		=		
9		0		12		

163

	×		−		=	19
+		×		−		
	+		+		=	17
+		+		−		
	+	2	−		=	6
=		=		=		
15		26		0		

164

	+		+		=	21
×		×		+		
	+	2	+		=	15
+		+		−		
	−		−		=	1
=		=		=		
29		19		12		

165

	+		+		=	17
+		+		−		
	+		+	2	=	18
−		+		+		
	+		−		=	0
=		=		=		
6		18		9		

166

	−		+		=	5
+		−		+		
	−		+		=	5
−		+		+		
	+	8	+		=	17
=		=		=		
5		3		13		

167

3	+		−		=	0
+		+		×		
	−		+		=	3
+		−		−		
	+		+		=	12
=		=		=		
18		10		31		

168

	+		+		=	13
+		+		−		
	+		−	6	=	4
+		+		+		
	−		+		=	0
=		=		=		
13		19		1		

7	6	5	4
8	9		3
		2	15
	11	16	1

This is the only place for 8 to connect 7 and 9.

Once all numbers are filled in, you should be able to draw one uninterrupted line from 1 to 16 in order.

Hidato

Your goal is to fill in all the numbers from 1 to n (where n is the largest number in the puzzle) so that an uninterrupted line can be drawn from 1 to n by moving horizontally, vertically, or diagonally across the grid. The smallest and largest numbers are given in each puzzle, as well as a few other numbers to guide you along the way. Each puzzle has only one solution.

In this simple example, you can start by filling in the 2 and the 8, because there is only one square available that would connect the 1 and the 3, and only one square is available that would connect the 7 and the 9. See if you can complete the puzzle from there!

169

	57	56					44
		55	53	51		46	
	62	64		50		42	
61			14		10	39	41
3	1				38	35	34
			8				31
5			23	25		32	
	19	20	22		27	28	

170

	30	32		34	37		39
				36			40
	58	57	61		43	42	
	55		63	64		45	47
	25		53	52	49		
4					17		
	5	22		19		10	13
	1	6		8			11

171

		15		32			
8	10			33		27	28
7		12	34				
	5	37	35	19			25
4	1				41		
3			56			49	43
64	60			51		44	
	62	61	54		52	47	46

172

	49	37		35		32	62
50	52		38			63	
		53			57	64	60
46	44			29			
	41	2	14	55		26	24
			1				23
7	5	4	12		17	20	
	8				19		

173

50	52	48	24		19		17
51				25	22		
55		27				14	
		62	63	44		1	13
	57	64			43		12
35					42		
				41			4
					8	5	

174

					27		29
16		19	25			63	30
	17		55		64		
		10		56			32
5	7		53	59			36
4			52	49			35
	1	47				40	
	46			43			

175

	13						
11		9	15	6			29
	38		5		18	24	30
			34				
				1	32	·	
	41		2				21
46	43				58	57	
	44	64	63	61	60		55

176

24	25		29		49		54
		30			50	52	
22		32	1	46			57
		64	45				
20		34		44	61	59	
						7	
36						10	
	37			15	13	11	

177

39			32			27	
				31	22		25
44	37	42					17
45			48		56	18	
64		49					15
	1		50			54	
		61		7	53	10	13
			6			11	

178

	62				48		
	61	64				46	
		14			17	42	
	56				41	39	
	8	11					
	10			23	22		
5		1		28			35
			29			32	34

179

	87				80	79		76
		17	83	82		68	75	
	16	14	18	65	66	69	71	
				19			72	73
12			95	99			62	
			96	22		57	59	60
	10			37				55
	26		28	38				42
7		25		34	39			43
3		31		33	52	48	44	45
4		1	32					

180

	89		43	44	41	40	35	34
93						36	33	
				38		32		54
97	85			47	31			
	96		48	50	29		59	58
99	83	82	26			60	61	
72	80		27	25				62
73		79					12	
74			68	23				
77		3		7	10		17	
76		1	4	6				18

181

				15				11
33				20	14	22	10	
	38	36		19	23		7	9
39	41	37	29		27	6		4
99	95		43	44		26		3
96						46	47	2
97		92	66	65	69		1	
86	84				71			
				74				61
81		78	75	73		54	60	
			77	57		59		

182

73	75			82				6
74			81	78		4	1	
			77	54	51	84		8
68	67			52				
58	57	56		98	99		11	86
60			95	46				12
				96				15
62		44		30	89		16	
42	43			90	29		27	
41	39	38	33	32	18	20		
40						22	23	

183

74			64		62	56		
	72	77			61	57		
71			78	60	58			49
69			37					51
		80		39		44		1
85	84			34	33	42		2
	87	83			22	21		3
90				23		19	5	7
	89			16	15		8	
		98		25			13	
	95	97	99		26	12	11	10

184

				25		22	20	19
29	31		36	37	24			16
32		35		39	40		17	
				43		9	14	
			45	64	1			
	50				66			11
		59				3		6
56	55	58		69	68	4	97	
			72	71	87		95	94
	78	82	81			89	99	
						90		

185

30		32		41			47	46
29	31			50	42	44		
		37						63
27				58				64
24	26			71	68	74	76	65
23								
22			4	99	96	97		78
	21		5				80	
17			2	1		87		
14			8		93	89		83
	13	11		9			85	

186

39	41	42	44	45	25			15
38						18		16
35	37			28		19	13	11
36		30	48		4			10
		1					9	7
	51		2	99				
					90		96	
55	53			59				94
			75	70	69	61		93
	86	80		74	71			63
	84							64

187

98							6	
	99		14		19	17		7
	94			20	10			
			87			22		
	90		85	81	80	79	1	
72			76				64	
	71	70		77		65		26
			52		50	62	48	27
55	57	58		51		49	47	
39			36	44	34		30	
40	41	42						

188

47	46	90	89	86				80
45			93				79	
						84	36	
	42	50	96	95	99			35
		41						32
	57	58		70		74	33	
54		59	61		71	72	29	
	15			62	68	67	65	28
		14	13			64		
				1			22	
8			4		2	21		

189

26					41			10
		23						11
	32	28					7	
31		33	34		19			6
87				46	45			
	86	85	84	92	47	17		4
98	96	94		83	82		1	3
	99	95				53		
	72					54		50
74	78		69	58	55	65		63
					59		64	

190

			59		56			46
64			60	57		54		47
98	66	68	70		52	53	48	42
99	97				50		40	
	77	75	74					
				17	15	36	35	
		80		16				
		91					32	31
	85				27		2	1
86	22		11		26	8	6	3
				10				1

191

50			46	1		41	40	39
	51	47		98	42			38
				43	99			
53			56	58		11		5
78		76	59					
	79		61	60		31	13	
80			63			30	15	
92				64				16
91			65	70	28	21	20	
	87		85				22	24
	88				67			

192

1		50		48				37
52		4	6	46	45			38
	54						41	
55	84							
83	56	86				9	31	33
			99	88		11		
		60						
72				90	97	20		
79		69		62	91	96		
78	74	68		64		92		18
77		75	67	66		93	16	

193

		33	34				60	59
	38			29			62	58
40	41					55		
		46		27			2	
	47	51		24				1
					90	88		
49		22			89			67
		9	99		84			69
12	18	20		98		78	76	71
	17			94	79			72
14	15	16		95		80		73

194

	4			62		60		
	11	5	2		65	66	59	69
	14	10		1		56		58
21			9		55			
	18	17			52		72	
		26	27		92	96		74
24						97		75
	29		47		94			76
	30				99			77
		42	40		86		82	
		41		39	85	81		

195

		14		18	19	21	22	23
11			17	16				25
	10	9		97	30	29		
	3		99		95			36
	88	1				32		37
86			91	93				
	85		82		80			
		84				51		42
66					53		50	
	67		75	59		54		46
		72	74	57	56		47	

196

	20		24					84
19		25	76	77	78		82	
				73		98		
	28		71		94	99		88
16	30				69		92	
13	15						91	
	12	33		63		58		56
11			35	62	51		59	
9			36	48			53	
	5	3						43
6		1	38			41	42	

197

94	92	91	99		59	57		
95							43	
	97	88			62	54	40	
	83	86	87	63	65		39	
82		84		66		49		
76	78				50			47
			68					35
				14	32	16		26
72	70	1				31		
						24	30	
3		8	7	10		22	23	

198

67							92	93
		65			89	91	96	94
63		71	73	83		80	95	
		70				78	79	98
			60	1	75	76		99
	54				3	4		13
53		51			6			14
	45	48		31			15	
	41					23		17
	42	34	36	28		24		
		37					21	

199

	11		13		83	85		92
	9	14				86		
8		15		80		94		
5		18						
	4		77	75	73	96	68	99
1			76			71	69	
		25	23				66	
28				59		61	62	
	29		55	54		52		
		35		41		51	47	
	34	37	38	39				48

200

		47	1			65	64	94
	45	48						93
57	42	59		3			92	96
		41	50	4			99	
				11			89	
				6				
53			14	9			73	71
37	33		31		86		76	
36			16	85		82		75
35	29	25	24		21	20	81	
				22			80	

201

37				31			19	
		34	32		15	17	22	21
	35	66	65			14	24	23
43		64						
44	45				69		74	73
	48		60	62		75		
	49	57		10	8	77		
			1	7			79	
	55	2				89		82
52	54	99	95	94	92			84

202

	56	58	60		65		68	
54				61		77	71	69
	52							
42	48	49		81	97		73	
			82		96	99	74	
	46	40		86				
45		39	85	87		89	90	
		38			21			18
	34	35			9		19	
30			3	1		7	14	
29	28				6			

203

	71	74	76	77		93		91
		75			94		90	
	67		48				82	
			47					86
			41		99	51	84	
63			39	55		53	2	
61			56		54	1	4	
60					19			
27	26	25				18	10	7
	30	34	24	23	21	17	14	
	31						12	

Each bolded section is an equation.

Fill in numbers to satisfy the equation in the bolded section.

12+ 4	3- 5	
2	3÷ 1	20x 4

The number is the answer to the equation, and the symbol indicates the math operation. (here, 4 x _ = 20)

Standard Sudoku rules apply, so each number is used only once per row, column, and grid.

Calcudoku

Fill each square with the numbers 1 to W (where W is the width of each puzzle; for example, W=5 for a 5x5 puzzle) so that no number is repeated in any row or column, and each arithmetical equation is satisfied within every subset bounded by a thick black line. For example, a subset of two squares that has an equation of 4x means that the two squares multiplied by each other equals 4, 3- means one square subtracted from the other will equal 3, and 2÷ means that one square divided by the other will equal 2.

There is only one solution for each puzzle.

In Calcudoku, you must complete the grid so that no number is repeated in any column or row, and the equations shown in the black-bounded areas are satisfied.

The example at the left uses a 6x6 puzzle, so the three squares in the far-left column must add up to 12. Because 4 and 2 are already there, the last one must be 6 (4+2+6=12). Similarly, the top-right square must be either 3 less than 5 or 3 more than 5. Therefore, it must be 2, since no numbers greater than 6 can be used on this board.

The middle square in the bottom row must be 3 (3÷1=3), and the one in the far bottom-right must be 5 (4x5=20).

204

1-	2-		4x
	2÷		
7+		2÷	
4x		5+	

205

1-		16x	2÷
2-			
	8x		10+

206

5+		6x	1-
2÷			
	18x	2÷	
		5+	

207

6x6

3÷	2-		5x	12+	3÷
	6x				
1-		5+			10x
4x	3÷		5+	12x	
	9+				2-
1-		1-			

208

180x	3÷		8+	2÷	
				9+	12x
2x		15+			
5+	1-		3-		
		24x		4-	
1-		3÷		3÷	

209

2-	6+	10+			
		30x	2÷	8x	3÷
2-	5+				
			2÷	6+	
2÷	24x	1-		30x	2-

210

2÷	6+	80x		2÷	5+
		4-			
3-			2÷		150x
7+		12x			
30x				3-	
3÷		6+		1-	

211

3÷	10x	12x		1-	
		40x		3÷	
3÷				1-	
	7+		1-	2÷	8+
9+	7+				
	36x			3-	

212

3-	1-	6x		2-	
		8+		2÷	
3÷			300x	3-	
8+	8+				
		4x	8+		10x
4-			2÷		

213

4-		8+	12x	12x	
72x	3÷				10x
		2-			
	5x		8+	7+	
3-		8+		2÷	
1-				1-	

214

3÷	9+	2÷	8+		
			24x		5+
6+		3-	6x		
2-				2-	
3÷		12x	60x		
6x				3-	

215

7 x 7

5-	7+	56x			2÷	
		8+	2-		3-	
42x			10+		7x	
	24x			7+		1-
3-		3÷		11+		
90x		2÷	42x	3÷	9+	
					5-	

216

45x	1-		6x		5-	
		7x		1-	2÷	
8+		7+	40x		7+	2-
3-	8+			21x		
		9+			2÷	
1-	7+		4-	20x		6x
				2÷		

217

1-	30x	6x		11+	2÷	90x
			8+			
4-		3-		6x		
12x			1-	11+	2÷	
1-		2÷			8+	
1-	5-		2÷		17+	
		6x		8+		

218

11+		1-	15x		3÷	1-
8+			1-			
90x		2÷		12+	11+	
48x					6x	
		1-	6x	3-	2-	4-
8+	2÷					
		9+		72x		

219

2÷		5+	2-		2÷	
15x	2-		12+	8x	2÷	
						8+
2÷	14x	2-		1-		
			1-	2÷	3-	12+
4x		1-		14x	9+	
42x						

220

1-		3-		10+		2÷
6x	2÷		35x	1-	5+	
	2÷	7+				1-
3-			3÷		35x	
	28x		168x			3÷
9+				2÷		
1-		12x			7+	

221

2-	9+	15x		9+		2÷
		3-	16+	18x		
3-	8+					15x
		1-	120x		1-	
11+	36x		5+			3-
		3-		840x		
			2÷			

222

7+	2-		1-	3-	2÷	3÷
	2÷					
210x			2÷		8+	2÷
	18x	10+				
10+			6+	4-	30x	210x
	2÷					
4x		2-		1-		

223

3-	14x		1-		8+	2÷
	60x	5-	8+			
			6x		336x	3-
19+			12+	210x		
8+						2÷
	3-					
3÷		3-		15x		

224

14+		4÷		7-	4-		105x	1-
4÷	24x	3÷			14x			
		20+		2-		10+		18x
4÷	3÷	7-		15x			2÷	
			12+	42x				4÷
2-	240x			9+	1-	2÷		
	11+		2÷			3-	7+	15x
2-		17+		4x				
			32x		2÷		15+	

225

4÷	20+	4÷		441x	2÷	7+		2-
						4÷	45x	
4-		12x			1440x			15+
11+	2÷	35x				1-		
			54x		11+	192x		3÷
16+				5-		20+		
11+			60x		6-		35x	
25+		3÷		3-			5-	7-
					6-			

226

42x	2÷	3-	18x	4-		11+		3÷
				1-		3-		
10+		4-		9+	3÷		1-	11+
	63x		216x		3÷	2-		
4÷		6x					3-	
		30x			56x	3÷	4÷	13+
12+	2-	9+		20x				
		24x	2÷		4÷		13+	5-
15x				18+				

227

16x		15x		15+		1-	3÷	
	10x	1-	108x		30x		11+	
13+						22+	6x	
	6-	4÷	5+	48x				1-
4÷					14+		24x	
	14+	7-		20x	7+			147x
4-		3-	2-		12+			
	15+			2÷			4-	
		2-			3÷		2÷	

228

8+		2-	2÷		10x	18+	1-	
9+	315x		252x				3÷	3÷
			11+					
3÷		24x		4÷		9+	9x	9+
5-	1-		3-		90x			
		504x				5+		1-
16+			7+		40x		24x	
	5-	1-		4-	36x			7-
		2÷			20+			

229

105x	6x		2÷	5-		42x		
		1-		1-	48x		2÷	3-
24x	6-		10+		63x			
		10+		1-			1-	
	3-		5-	10+		324x		24x
14+		3÷		42x	6+		24x	
	2÷		8+			11+		1-
		13+					9+	
1-			3÷		9+			

230

6-	8+		486x	6x		2÷	64x	
	3-			2-			6x	
4-		4÷	4÷	1-		10+		1-
	12x			6x			13+	
2÷		2÷		10x	35x			3÷
	10+				5-	2÷	13+	
1-	4÷		15+					20x
	17+	12+	18x		11+	8+		
			4-			7-		

231

1-		14+		2÷	1-	18x	4÷	13+
2÷		24x						
1-	1-		4÷	2÷		10+	10+	
	2-	4÷		10x			2÷	18x
24x			2-		7+	96x		
	5+	12+		7-				2÷
3-		3-			175x			
	126x	2÷		10+			24x	
		48x			1-		12+	

232

1-	252x	2÷		3÷	23+		12+	
			7-			3÷	1-	13+
280x				3÷				
	14+	2÷			24x	4÷		9x
1-		30x	3-			2-	7+	
				4÷				8x
4÷	2÷	504x	18+	4-		3-		
					13+		144x	
6x			14+			2-		

233

7+	3÷	6x	4÷	360x			3-	
			20+	6+	12x	7-	1-	
	13+		2-					
70x		4÷				162x		
	3-		54x	5-	3÷		3-	1-
2÷					54x	4÷		
	9+		11+	6x			2÷	
1-	24x				9+	2-	10+	3÷
	6+		54x					

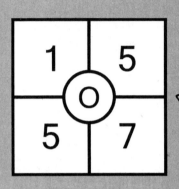

The "O" circle indicates that adjacent numbers must be odd.

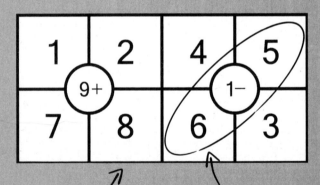

Standard Sudoku rules apply, so each number is used only once per row and column.

The numbers that are diagonally adjacent to the circle must satisy the equation (here, 6 - 5 = 1).

Mathrax

Use the numbers 1 through n (where n is the width of the board) to fill in the grid so that no number is repeated in any row or column. A number of circles are provided throughout the grid and each has inside it either a letter (E for even, or O for odd) or a number and an operator (e.g. 5+). Each circle indicates a rule that applies to both pairs of diagonally adjacent boxes connected through it.

Example #1 shows a circle containing O, which tells you that the only numbers that may appear in all four boxes touching that circle must be odd. (An E would indicate the numbers must be even.)

Example #2 shows a circle containing 9+, which tells you that the sum of each diagonally adjacent pair (for example, 1 and 8, and 2 and 7) is 9. The 1- circle tells you that each diagonally adjacent pair (for example, 4 and 3, and 5 and 6) can have its smaller number subtracted from the larger and the result will always be 1.

Each puzzle has only one solution.

234

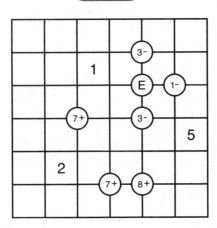

235

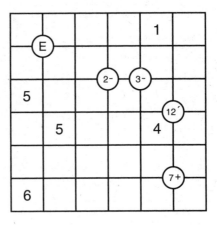

236

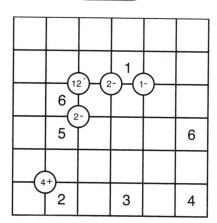

237

238

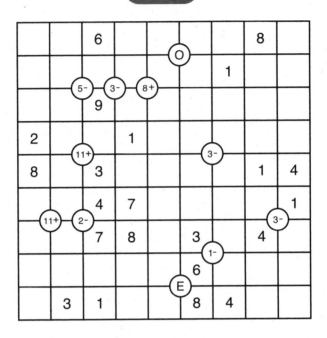

239

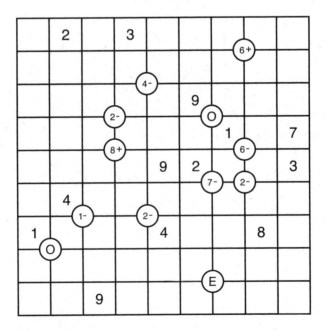

240

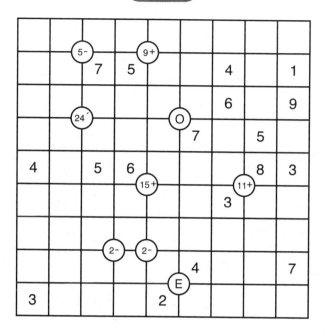

241

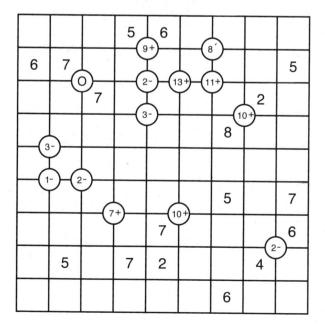

242

6		9						7
1			5	3	7			
		8		9				
			6					
					6			9
		7						
		6						2
5		2				8		

Circles: 2- , 5- , 16´ , 4- , O , 5- , 3- , 9+ , 3- , 4-

243

3			8					
		7	4				6	
							1	
				9		4		6
						8	9	1
				9				
	8				1	5	3	
		2			9		7	3

Circles: 14+ , 36´ , 1- , 3- , O , 6- , 3- , 2- , 14+

244

9×9 grid:

			2		4		6	
		3			1			2
			7			5	9	6
								5
			4	6				
5	6	9			3			
				6				
	2				9			
							3	

Circle operators: 4−, 4−, 1−, 5−, 10+, 5−, 6−, 13+, 9+, 3−, 1−, 4−, 1−

245

9×9 grid:

			7				9	
6	8	7						
	9							4
1	5							
				3				
9						7		
			4		7	5		
		1			5	9	6	
				8				7

Circle operators: 2−, 2−, 5−, 9+, 7+, 1−, 3−, 1−, 1−

246

			1				9	
4	6	8	7 (5−)		9			
	4			(12+)		7	5	
(1−)				9			6	7
6			2 (9+)		(1−)			
		7					4	
(O)		4						
			(4−)		7	(5+)		
		(9′)						(1−)
2					4			

247

	(18′)						8	(10+)
				(11+)				(11+)
			2				(8+)	
2	6			5				
			6	7	(2−)			1
5	9					7		
						2	5	
		(2−)		9	3			2
8	7		1	3		5		

248

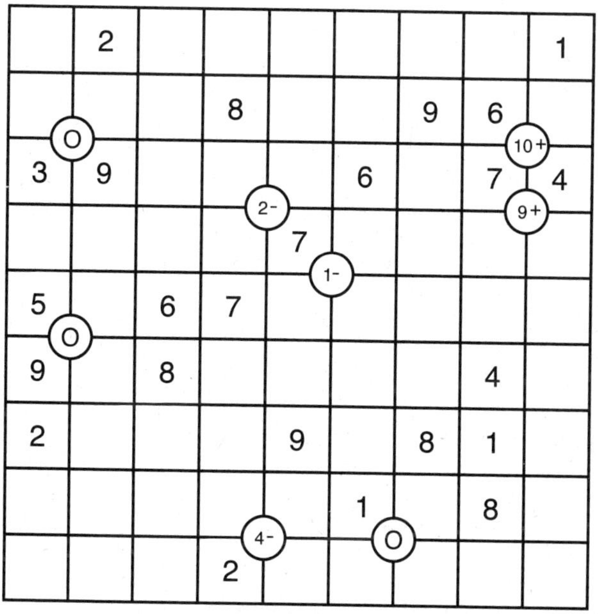
2
1
8
9
6
O
10+
3
9
6
7
4
2-
9+
7
1-
5
6
7
O
9
8
4
2
9
8
1
1
8
4-
O
2

Every bolded segment
of squares should contain
one odd number and
one even number.

	5	3	2	
5	4	1		2
			4	
1	3	2		
3	2	4	1	5

Standard Sudoku
rules apply, so each
number is used
only once per
row and column.

A bolded segment
of a single square
must be **odd**.

Odds and Evens

Use the numbers 1 through n (where n is the width of the board) to complete the grid so that each number appears once—and only once—in each row and column. Every two-box segment outlined in bold will contain exactly one even number and one odd number (in any order). Every one-box segment will always contain an odd number. Each puzzle has only one solution.

In this example, let's figure out the values of A and B. Because A shares a 1x2 block with an even number, we know it must be odd and therefore, it must be 1, 3, or 5. Since 1 and 5 are already in that row, A must be 3.

Because we know that since all single blocks must be odd, we know B must be an odd number. Because 5 is already in that column, it must be either 1 or 3. Now look at the top-right single block. It also must be an odd number (1, 3, or 5), but because 3 and 5 are already present in its row, the top-right square must be 1. That means B must equal 3.

249

	6		7		5	
	3	2			6	7
	7		4		1	
	1		3		7	
5						
	5					3

250

	7			2	1	
						6
		6			2	
		2				4
7		3	2	5	4	
1			6		5	
	5			7	6	

251

4						5
5	4	3			7	
	1		6	7	5	4
6			2	5		
2	5		4	1		

252

6				4	3	5
	3				7	6
	6	7				
7	2		3		5	
4	7			5		
			6			
			1			

253

		1		5		
	5		1	2	7	6
	7				6	
	2			6		
		6				3
5				1		
	6		2			

254

					6	
3						6
2	7		1			
	4	1				
				3		
				6		
1			4	7		

255

	5				3	
				2		
5		1	2			
					6	1
	6		3			
		2		5		

256

						3
1	5		3			
	4	7				
						4
		5		3	2	
				2		5

257

						5
				1		4
5				4		
			5			2
	1	7			4	
		1				
					2	

258

	4				3	
1	2					
	5					
			4		1	
		3		7		
			5	2		
				5	2	

259

		2		6	5	4		3
		7	6	9				
	3	9	2	5	6			
				2		6	9	
6	7					1	4	9
9		3	7	8	4			
		6			1	9	2	
5				9				6
	9	4	5		8	3	6	7

260

				7		9	2	
5	4				9		7	
2	1			9			5	
				5	7	6		
								3
				2	3			
6					4			
9	5	4					3	6
	9			3	4			

261

4	3		6			9		
		9	8	1				4
	6	4			5			9
9		6						
			7		3			5
			5	6	9			2
2				7	4			
		3		2		7	1	
								1

262

8	5		7					
9				1	7			
			8			5		
5	4			2		1		
6						3		
						8		
		7					8	1
	1		3	8		4	5	
		2	5		6	7		

263

	6		8				2	1
					5	6		
						1		9
	2		7		3			
					2			
	5						9	2
	1	6				3		
		1		3	8		7	
4						2	3	5

264

3	8			5	4		6	
							9	
				6			4	
		9	6	7			3	2
		4	1	9		7		
	1	6				8		
								3
7		5			9			
		8			3			9

265

			1		6			9
	6			8			5	
						7		
3								4
		3	8			5		1
	8		9		2			6
	3	2	5			9	6	
9	2						7	
8	9		6					

266

		3			4		6	
	8	1				6		
4				6		5		7
				5	1	4	3	
			5	7		3		
	3			1	7			
					5		8	
7							1	
			8					

267

			6	2				9
	4			3				
	7	1			4	8		5
5	6							
	3					1		
				1	5			
		6				7		1
	8				7			
							4	

268

4					5		9	
			2		4			
		1						
	2				7			
			7					3
1			6	5				
				3	2			
	9			2			3	
		9	4					7

269

	7	4				1	8	
9		1		4	3	2		
			2	7				9
								8
			3				5	
	3		8					
	4		1	3				
3					4			
				6				

270

		6		8				
						8	7	
	1			6	3	7		
			3		1			
				3	8	5		
			2			3		
							6	
7	4						1	
9							2	

271

		4		3				
	4	7		6			3	
						8	5	
						1		
				7				9
	7				1			4
		8	5			7	4	
		3						
	3		6	8				

Fill in a number 1-4 such that the same number does not share a side or corner.

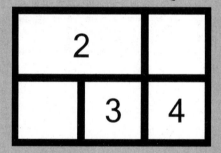

Plotters

Fill each empty area on the grid with one number (1 through 4) so that no two areas with the same number ever share a side or a corner. Each puzzle has only one solution.

In this example, you have enough information to fill in the top-right box. Because it is bounded on the left by a 2, on the bottom by a 4, and on the bottom-left corner by a 3, the only possible number that will work in the top-right box is 1.

272

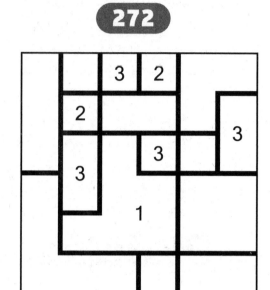

273

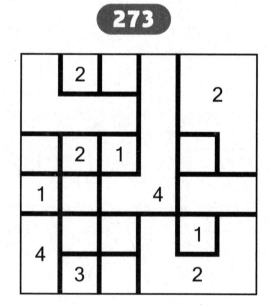

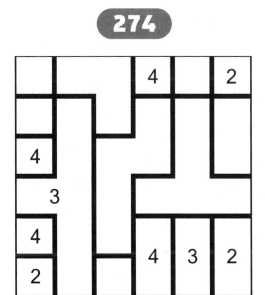

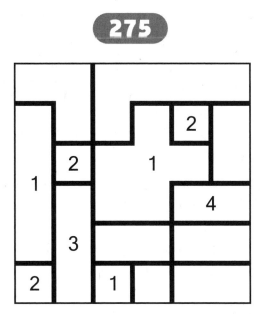

276

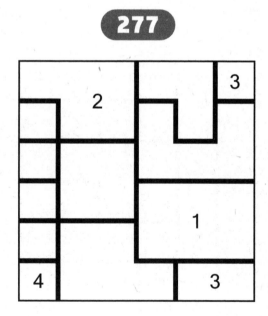

277

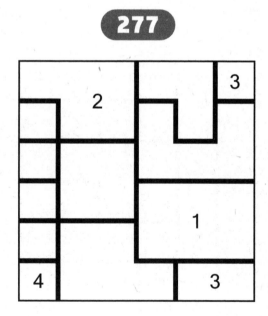

278

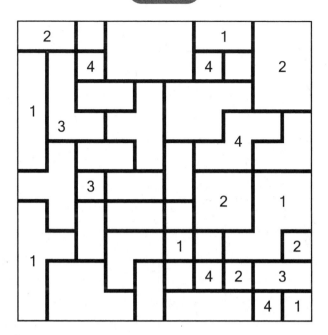

279

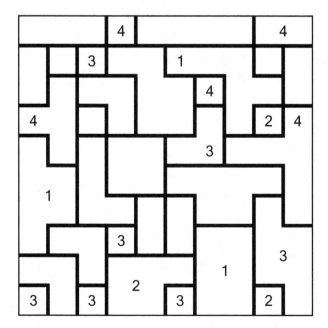

280

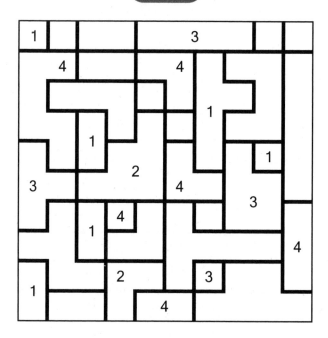

281

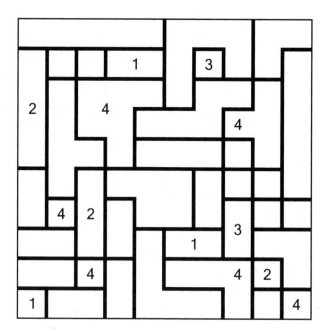

282

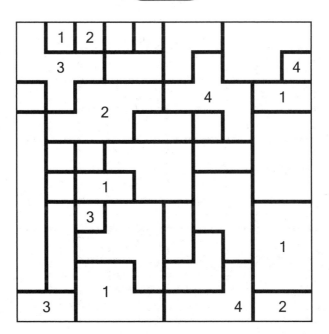

283

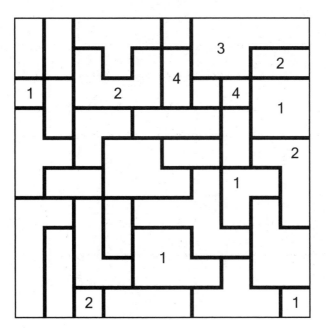

284

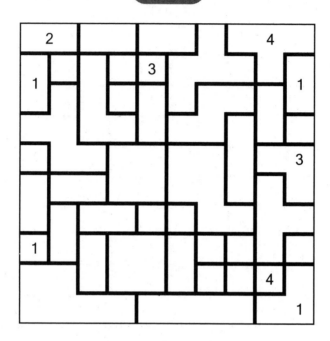

285

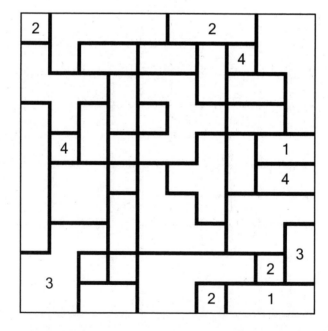

286

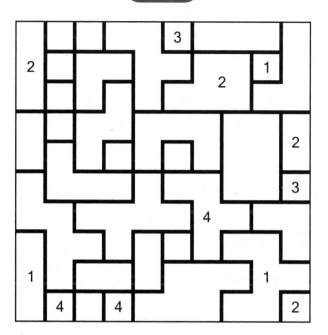

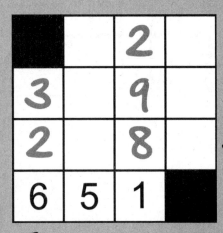

Numbers run both horizontally and vertically.

Using only the numbers on the lists, complete the puzzle.

Number Crosswords

Insert each number in the given list onto the crossword board to complete the puzzle. There is only one solution that will allow every number to fit on the board.

In this simple example, you're given the following numbers to place onto the grid:

3-digit numbers	4-digit numbers
326	2482
752	2981
727	3195
	7145

Simply look for numbers of the proper length that have digits in the proper places. For example, the 3-digit number in the left-most column (reading top to bottom) ends with 6. Only one option fits that column (326), so you can place that number there. Two 4-digit numbers end with 5, so we can't place the next column, but we can place 2981 in the next column because it is the only 4-digit number that ends in 1.

See if you can complete the example from there using the remaining numbers.

287

3digits

106
135
249
269
378
519
522
532
547
556
606

4 digits

1023
1033
1120
1140
1863
1982
2062
2159
2303
2923
3066
3080
3136
3185
3441
3656
3883
4643
4706
4889

5 digits

5151
5435
8172
8305
8512
8816
8953
9003
9012
9810

17836
18017
26459

30963
31701
32815
34163
34697
35786
36492
37763
39146
43045
51001
58861
65917
72253
74618

76031
84803
88494
97078

6 digits

130005
152354
322118
379880
557296
587972
655509
713991

7 digits

1438263
6887301

8 digits

32765455
37389838

9 digits

527233392
536150092

288

					2	8	3				

3 digits

109
139
301
305
374
391
441
487
782
883
912

4 digits

1481
1650
1663
1949
2159
2291
3169
3195
3295
3320
3464
3474
4092
4204
5452
5509
6276
6775
6925
7214

7908
8007
8171
8246
8467
8753
8822
9003
9354
9706

5 digits

12192
13614
23763

24543
26958
29623
31771
32533
39893
40422
50503
64170
66470
67645
81991
83279
83827

84307
85075
85910
86435
98401

6 digits

179281
242486
298865
363429
691640
708844
961033
992400

7 digits

3776853
5125207

8 digits

31025656
72549133

9 digits

131839478
369462674

289

3 digits
172
229
259
354
488
688
754
808
883
893
933

4 digits
1309
1618
1840
1956
1989
2024
2253
2335
2943
3020
3769
4035
4382
4988
5192
5289
5938
6327
6434
6482
6774
7424
7737
8076
8094
8128
8439
8545
8824
8877
9303
9586

5 digits
10138
17863
18306
27679
30879
47772
52284
58114
64728
74645
84792
87222
90394
92001
98191
99070

6 digits
100481
249411
413171
600567
655379
993700

7 digits
4409245
4611046
5851444
6275322
8788587
9021213

8 digits
12588448
12658369
19455787
79734544
92865982
96153640

290

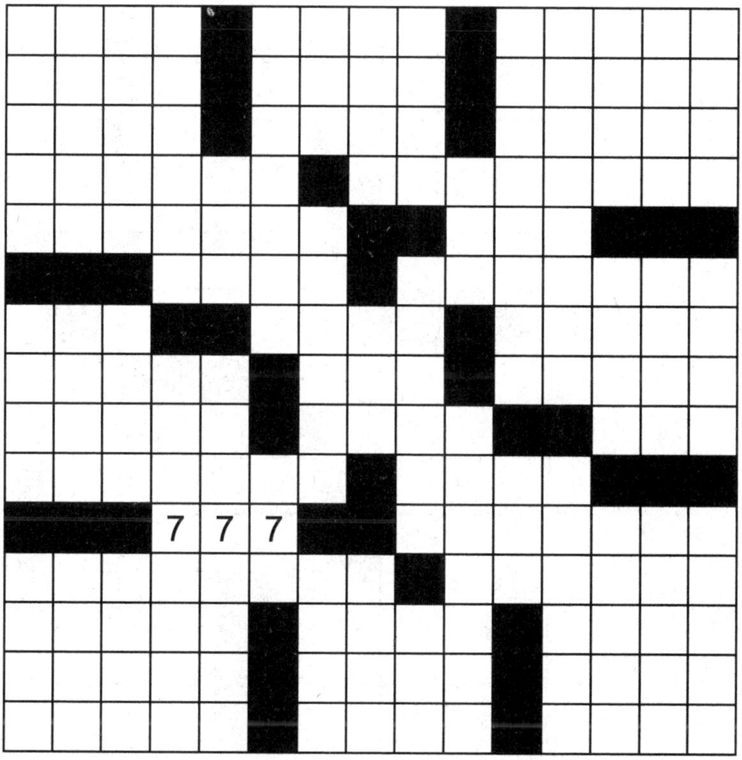

3 digits
138
267
350
370
389
482
642
681
755
831
924

4 digits
1216
1464
1723
2013
2144
2922
3109
3374
3412
3465
3592
3954
4007
4179
4508
4978
5055
5581
6000
6159
6542
6647
6801
7042
7197
7352
7457
7496
8161
9064
9300
9479

5 digits
10452
12084
16076
21950
22371
35537
40981
42985
48565
54543
62354
86043
90180
90513
91701
95390

6 digits
191351
232279
645949
715290
785562
990813

7 digits
1257423
1307291
3534911
4063731
6630974
9910343

8 digits
21770035
37690087
38433169
56821021
58379848
77332552

291

| | | | | | | | | 1 | 5 | 6 | 2 | 5 |

3 digits
125
169
206
207
382
577
585
614
638
644
695
699
711
852
947
980

4 digits
6508
8515

5 digits
14257
15786
17641
18050
18426
40241
43526
46685
48033
49046

50421
53394
64818
66138
66658
67245
77485
86067
92925
93415
99568

6 digits
304757

333302
452718
560325

7 digits
1831864
2841006
4129080
4692835
5189323
5551688
6427255
6620836
6697830

7706150
7849863
8586649
8885446
9101084

292

3 digits
131
144
171
183
193
242
257
372
389
470
537
538
697
841
961

4 digits
4898
8398

5 digits
13571
15083
17669
19248
19639
22505
23647
23740
27347
31173
37837

40050
50350
52710
53608
54390
55831
62138
71454
80675
81685
82512

6 digits
326352
459765

540776
674303

7 digits
2174775
2681949
3761646
4414999
5493463
5682249
5722801
5788698
5793356
5868021
6371633

7704780
8832564
8919011

293

3 digits

153
202
206
424
636
637
682
699
778
805
841
868
900
916
990

4 digits

2489
4405

5 digits

12609
14388
18326
22322
26237
28239
29966
31114
42536
44564
50018
50798
60264
64817
65783
67828
76292
87109
87389
87426
88893
98107

6 digits

238355
306702
521334
903004

7 digits

1492789
2400688
2613586
3366812
3516142
5359203
5469899
5973100
6002281
6105579
6286693
6327656
6447394
7936036

294

3 digits
193
221
260
282
346
376
391
510
668
708
731
768
809
857
900

4 digits
5097
7743

5 digits
15219
17419
30385
31912
35167
41116
43897
51488
52468
53654
56431

59584
60667
61923
62645
65773
70729
85338
86256
87026
87563
93930

6 digits
113777
295653

418478
733073

7 digits
1979139
3002255
4327045
5156854
5196036
5582513
6473972
6583572
6991421
7497499
7790131

7828902
8865992
9501535

295

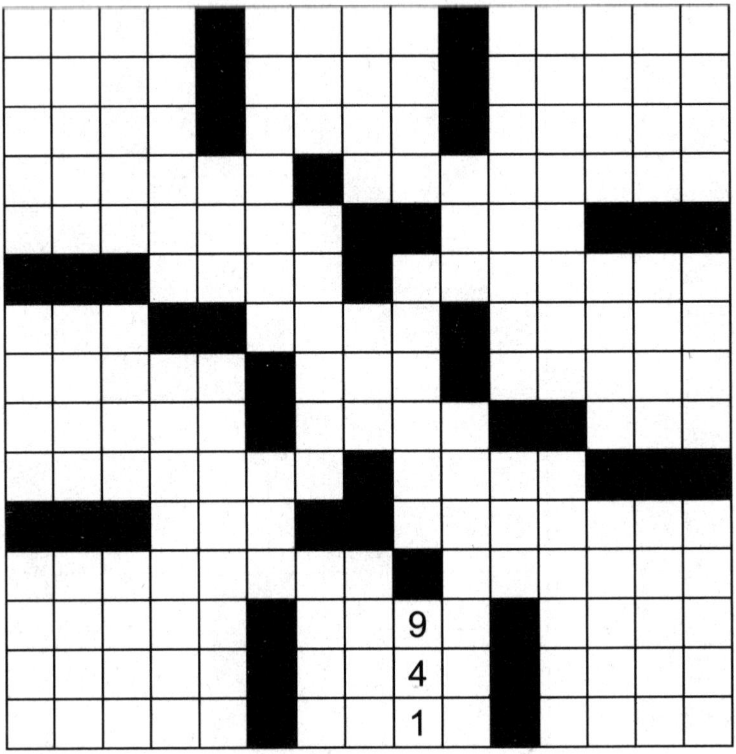

3 digits
178
227
230
315
347
351
462
760
833
901
976

4 digits
1035
1123
1211
1555
1725
1745
1897
2299
3690
3800
4007
4565
4648
4759
4794
5030
5242
5573
6582
6604
7581
7714
7872
8023
8090
8289
8367
8607
8996
9038
9111
9561

5 digits
16228
26814
32523
37265
42796
44285
50091
50446
51331
52175
55059
56266
64553
75528
80379
89040

6 digits
240166
270817
597830
635544
815704
908084

7 digits
3191452
4403354
4810518
4948751
9000526
9020117

8 digits
14048563
19880797
40560961
52235026
73451251
89253397

Standard Sudoku
rules apply, so each
number is used
only once per
row and column.

3

		1
1	3	2
		3

2   2

The numbers outside
the grid indicate the
number of skyscrapers
you'd see from from
that perspective.

1

The numbers
inside the squares
indicate how
many floors the
skyscraper would
have.

Skyscrapers

This puzzle requires a bit of three-dimensional thinking! Fill the grid with the numbers 1 through n (where n is the width of the board) so that no number is repeated in any row or column. Think of each digit on the board as a skyscraper with a number of floors equal to the number. The numbers along the outer edge of the puzzle tell you how many skyscrapers you would see if you were looking from that direction.

For example, if a row contains 2-4-3-5-1, and you were on the left looking to the right, you would see three buildings: the first building (2), the second building (4), and the fourth building (5). The third and fifth buildings would be hidden behind the taller skyscrapers standing in front of them from that viewpoint.

Each puzzle has only one solution.

In this simple example, you can see how the 3 indicator at the top-right of the grid shows that you can see three skyscrapers from that viewpoint. (The first is one-story tall, the second behind that one is two-stories tall, and the third behind that is three-stories tall). Taller buildings can be seen behind shorter buildings, but shorter buildings are hidden by taller buildings.

That's why the middle row has two indicators on either side. From the left viewpoint, you'd see only the one-story building and the three-story building. (The two-story building would be hidden behind the three-story building.) And from the right, you'd only see the two-story building and the three-story building.

The bottom 1 indicator tells you that only one building is visible; therefore, the tallest possible building (three-stories) must be in the square closest to that viewpoint.

296

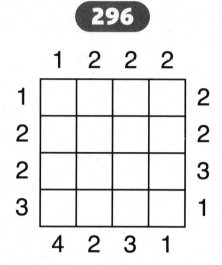

297

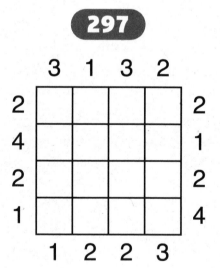

298

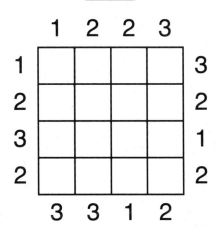

```
         1   2   2   3
       ┌───┬───┬───┬───┐
   1   │   │   │   │   │   3
       ├───┼───┼───┼───┤
   2   │   │   │   │   │   2
       ├───┼───┼───┼───┤
   3   │   │   │   │   │   1
       ├───┼───┼───┼───┤
   2   │   │   │   │   │   2
       └───┴───┴───┴───┘
         3   3   1   2
```

299

```
         2   2   1   3
       ┌───┬───┬───┬───┐
   2   │   │   │   │   │   2
       ├───┼───┼───┼───┤
   2   │   │   │   │   │   2
       ├───┼───┼───┼───┤
   3   │   │   │   │   │   1
       ├───┼───┼───┼───┤
   1   │   │   │   │   │   3
       └───┴───┴───┴───┘
         1   2   3   2
```

300

```
      2  3  1  5  2
   2 [  |  |  |  |  ] 2
   1 [  |  |  |  |  ] 5
   2 [  |  |  |  |  ] 3
   4 [  |  |  |  |  ] 1
   3 [  |  |  |  |  ] 2
      3  3  2  1  2
```

301

```
      2  2  1  3  3
   2 [  |  |  |  |  ] 2
   1 [  |  |  |  |  ] 4
   2 [  |  |  |  |  ] 2
   2 [  |  |  |  |  ] 3
   3 [  |  |  |  |  ] 1
      4  2  3  3  1
```

302

```
      2  3  2  1  3
   4  ┌──┬──┬──┬──┬──┐  2
   1  ├──┼──┼──┼──┼──┤  4
   5  ├──┼──┼──┼──┼──┤  1
   2  ├──┼──┼──┼──┼──┤  2
   2  ├──┼──┼──┼──┼──┤  2
      └──┴──┴──┴──┴──┘
      2  1  2  4  3
```

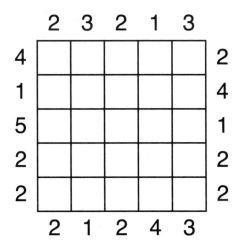

303

```
      1  2  3  2  3
   1  ┌──┬──┬──┬──┬──┐  5
   3  ├──┼──┼──┼──┼──┤  2
   3  ├──┼──┼──┼──┼──┤  1
   2  ├──┼──┼──┼──┼──┤  2
   2  ├──┼──┼──┼──┼──┤  2
      └──┴──┴──┴──┴──┘
      2  2  1  4  3
```

304

	2	3	1	2	3	
2						3
1						4
2						3
4						2
2						1
	2	2	4	2	1	

305

	2	2	2	4	1	
3						1
2						2
3						3
1						5
2						2
	2	3	3	1	3	

306

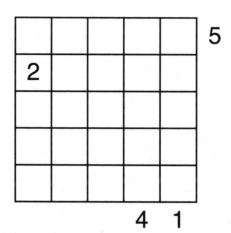

307

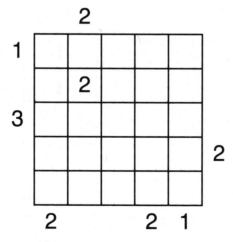

308

```
    3
  ┌───┬───┬───┬───┬───┐
  │   │   │   │   │   │
  ├───┼───┼───┼───┼───┤   3
  │   │   │   │   │   │
  ├───┼───┼───┼───┼───┤
  │   │   │   │   │   │
3 ├───┼───┼───┼───┼───┤
  │   │   │   │   │ 2 │
  ├───┼───┼───┼───┼───┤
  │   │   │   │   │   │
  └───┴───┴───┴───┴───┘
      2           4
```

309

```
      3           3
  ┌───┬───┬───┬───┬───┐
4 │   │   │   │   │   │
  ├───┼───┼───┼───┼───┤
  │   │   │   │   │   │
  ├───┼───┼───┼───┼───┤
  │   │   │   │ 2 │   │
  ├───┼───┼───┼───┼───┤
  │   │   │   │   │   │
  ├───┼───┼───┼───┼───┤
  │ 2 │   │   │   │   │
  └───┴───┴───┴───┴───┘
                  3
```

310

311

312

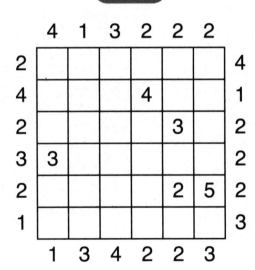

	5	1	4	2	2	2	
2							3
3							1
4	1				3		2
2							2
2							2
1						1	4
	1	3	3	2	2	4	

313

	4	1	3	2	2	2	
2							4
4				4			1
2					3		2
3	3						2
2					2	5	2
1							3
	1	3	4	2	2	3	

314

	4	3	1	2	3	2	
2		2					2
3						1	3
2					2		1
1							3
2				3			3
4						3	2
	2	2	4	2	1	3	

315

	3	5	2	1	2	4	
3							3
2						3	3
1							2
2				3			1
2							3
3						1	2
	3	2	3	3	1	3	

316

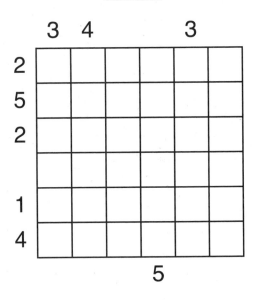

317

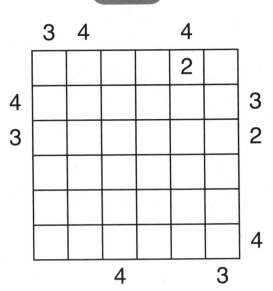

318

```
            2
      ┌───┬───┬───┬───┬───┬───┐
      │   │   │   │ 1 │   │   │ 3
      ├───┼───┼───┼───┼───┼───┤
      │   │   │ 2 │   │   │   │
      ├───┼───┼───┼───┼───┼───┤
   2  │   │   │   │ 3 │   │   │ 1
      ├───┼───┼───┼───┼───┼───┤
   2  │   │   │   │   │   │   │
      ├───┼───┼───┼───┼───┼───┤
   3  │   │   │   │   │   │   │
      ├───┼───┼───┼───┼───┼───┤
      │ 1 │   │   │   │   │   │ 3
      └───┴───┴───┴───┴───┴───┘
            1           2
```

319

```
        3   2   2   2
      ┌───┬───┬───┬───┬───┬───┐
      │   │   │   │   │   │   │
      ├───┼───┼───┼───┼───┼───┤
      │   │   │   │   │ 4 │   │
      ├───┼───┼───┼───┼───┼───┤
      │   │   │   │   │   │   │
      ├───┼───┼───┼───┼───┼───┤
   3  │   │   │   │   │   │   │
      ├───┼───┼───┼───┼───┼───┤
   2  │   │   │   │ 2 │   │   │
      ├───┼───┼───┼───┼───┼───┤
   2  │   │   │   │   │   │   │
      └───┴───┴───┴───┴───┴───┘
        3       3   2   3
```

320

Top clues: 4 _ 2 3

Left clues (top to bottom): 2, _, 2, 4, 2, _
Right clues (top to bottom): _, 2, 4, _, _, 3
Bottom clues: _ _ 3 _ _ _

Grid values:
- Row 5, last column: 2
- Row 6, column 3: 2

321

Top clues: 3 _ _ 2 _ 2

Left clues (top to bottom): 2, _, _, 2, _, _
Right clues (top to bottom): _, 2, 3, _, _, _
Bottom clues: 4 1 3 _ 2 _

Grid values:
- Row 2, column 4: 3
- Row 3, column 5: 2
- Row 5, column 2: 3

322

	4	4	4	3	2	2	1	
5								1
4								3
2		3						2
3			5			1		3
1		6	1	4				4
2	1				3			5
2								2
	2	2	1	3	4	4	2	

323

	2	3	4	1	4	2	2	
2					1			3
3					5			1
5	3						2	2
2								4
1			3	4				2
2						2	4	3
4								2
	3	3	2	2	1	3	3	

324

```
        3  3  2  3  1  2  4
      ┌──────────────────────┐
   4  │        1              │ 3
   2  │     5           4  3  │ 3
   4  │     3        4        │ 2
   2  │                       │ 3
   1  │              6        │ 4
   3  │                       │ 4
   3  │              1        │ 1
      └──────────────────────┘
        2  3  2  2  4  3  1
```

325

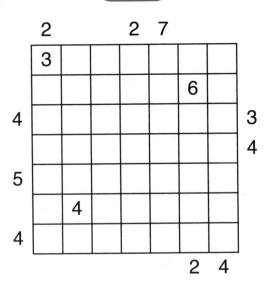

```
        2        2  7
      ┌──────────────────────┐
      │ 3                     │
      │                 6     │
   4  │                       │ 3
      │                       │ 4
   5  │                       │
   4  │     4                 │
   4  │                       │
      └──────────────────────┘
                          2  4
```

326

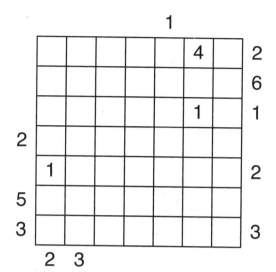

327

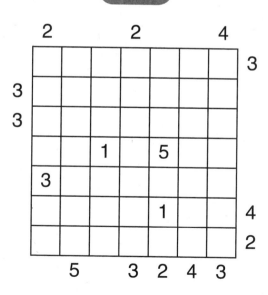

Solutions

1 SUDOKU

3	1	9	7	5	8	2	4	6
2	5	4	3	9	6	8	7	1
7	8	6	4	1	2	3	5	9
1	9	3	2	7	4	5	6	8
6	7	2	8	3	5	9	1	4
8	4	5	1	6	9	7	3	2
9	2	7	6	4	3	1	8	5
4	3	8	5	2	1	6	9	7
5	6	1	9	8	7	4	2	3

4 SUDOKU

5	4	6	3	8	2	9	1	7
9	3	1	6	5	7	4	2	8
8	7	2	1	4	9	3	6	5
3	2	5	7	6	8	1	9	4
7	9	8	4	2	1	6	5	3
1	6	4	9	3	5	8	7	2
2	5	9	8	1	3	7	4	6
4	1	3	5	7	6	2	8	9
6	8	7	2	9	4	5	3	1

2 SUDOKU

7	2	1	8	3	4	6	9	5
5	3	8	1	6	9	4	2	7
6	4	9	5	2	7	3	8	1
4	6	5	2	1	8	7	3	9
1	8	2	7	9	3	5	6	4
3	9	7	4	5	6	8	1	2
9	5	4	3	8	1	2	7	6
8	7	6	9	4	2	1	5	3
2	1	3	6	7	5	9	4	8

5 SUDOKU

8	1	5	2	7	9	4	6	3
6	4	2	3	1	5	7	9	8
3	9	7	4	6	8	2	5	1
4	3	1	6	8	7	5	2	9
7	2	8	9	5	3	6	1	4
9	5	6	1	2	4	8	3	7
2	7	9	8	3	6	1	4	5
5	6	3	7	4	1	9	8	2
1	8	4	5	9	2	3	7	6

3 SUDOKU

4	2	9	7	5	6	1	8	3
8	5	7	9	1	3	4	6	2
1	3	6	4	8	2	7	9	5
7	6	2	3	4	1	8	5	9
3	9	1	5	6	8	2	4	7
5	4	8	2	9	7	6	3	1
9	1	3	6	7	4	5	2	8
2	7	4	8	3	5	9	1	6
6	8	5	1	2	9	3	7	4

6 SUDOKU

1	4	7	3	2	5	9	8	6
6	9	8	7	1	4	5	3	2
3	2	5	8	9	6	4	7	1
5	1	2	4	7	3	8	6	9
4	3	6	2	8	9	7	1	5
7	8	9	6	5	1	2	4	3
2	7	1	9	6	8	3	5	4
9	5	4	1	3	7	6	2	8
8	6	3	5	4	2	1	9	7

7 SUDOKU

2	7	5	1	6	8	9	4	3
6	8	9	5	3	4	2	1	7
3	1	4	7	9	2	6	5	8
8	3	7	6	1	5	4	9	2
9	2	6	3	4	7	1	8	5
5	4	1	8	2	9	3	7	6
1	6	8	4	5	3	7	2	9
7	9	3	2	8	1	5	6	4
4	5	2	9	7	6	8	3	1

10 SUDOKU

3	6	9	7	4	1	5	2	8
5	7	2	8	9	3	1	4	6
1	8	4	2	6	5	3	9	7
2	5	1	3	7	6	4	8	9
4	9	6	5	1	8	2	7	3
7	3	8	9	2	4	6	5	1
9	1	7	4	3	2	8	6	5
8	4	3	6	5	7	9	1	2
6	2	5	1	8	9	7	3	4

8 SUDOKU

4	7	3	8	6	5	1	9	2
8	9	6	1	2	4	3	7	5
1	5	2	3	7	9	6	4	8
9	3	8	4	1	2	5	6	7
7	1	4	5	3	6	8	2	9
2	6	5	9	8	7	4	1	3
5	2	1	7	4	3	9	8	6
6	4	9	2	5	8	7	3	1
3	8	7	6	9	1	2	5	4

11 SUDOKU

6	8	1	3	7	9	5	4	2
5	4	2	8	1	6	7	9	3
9	3	7	4	2	5	1	8	6
2	6	5	7	9	4	8	3	1
1	9	8	5	3	2	4	6	7
4	7	3	1	6	8	9	2	5
7	1	9	6	8	3	2	5	4
8	5	6	2	4	1	3	7	9
3	2	4	9	5	7	6	1	8

9 SUDOKU

5	2	4	9	8	7	1	3	6
9	8	3	6	1	2	4	5	7
6	7	1	5	4	3	9	8	2
2	1	7	3	6	5	8	4	9
4	5	9	1	2	8	7	6	3
8	3	6	7	9	4	5	2	1
3	4	8	2	7	1	6	9	5
7	6	2	4	5	9	3	1	8
1	9	5	8	3	6	2	7	4

12 SUDOKU

1	3	2	7	6	5	8	9	4
8	4	9	3	2	1	5	6	7
6	7	5	9	4	8	1	2	3
7	5	4	6	8	2	3	1	9
9	1	3	4	5	7	6	8	2
2	6	8	1	3	9	7	4	5
3	2	1	8	7	4	9	5	6
4	8	7	5	9	6	2	3	1
5	9	6	2	1	3	4	7	8

13 SUDOKU

9	2	1	5	3	6	4	7	8
7	3	6	8	4	1	5	2	9
5	8	4	7	2	9	6	1	3
1	4	7	9	8	5	2	3	6
8	9	2	3	6	7	1	4	5
6	5	3	2	1	4	9	8	7
2	7	5	1	9	8	3	6	4
4	1	8	6	5	3	7	9	2
3	6	9	4	7	2	8	5	1

16 SUDOKU

4	1	7	2	8	3	5	9	6
6	5	9	1	7	4	8	3	2
3	2	8	5	9	6	1	4	7
5	9	4	6	2	8	3	7	1
2	3	1	9	5	7	6	8	4
7	8	6	3	4	1	2	5	9
8	4	5	7	6	2	9	1	3
1	7	2	8	3	9	4	6	5
9	6	3	4	1	5	7	2	8

14 SUDOKU

8	6	3	2	9	7	1	4	5
9	4	5	6	1	8	7	2	3
1	7	2	3	4	5	9	8	6
4	1	6	5	8	3	2	9	7
2	8	9	1	7	6	3	5	4
3	5	7	4	2	9	6	1	8
5	9	4	7	6	1	8	3	2
7	2	8	9	3	4	5	6	1
6	3	1	8	5	2	4	7	9

17 SUDOKU

3	7	8	6	5	1	9	2	4
1	9	5	4	8	2	6	3	7
2	6	4	3	7	9	5	8	1
6	5	1	9	2	4	3	7	8
4	8	9	7	3	6	1	5	2
7	2	3	8	1	5	4	6	9
9	3	2	1	6	8	7	4	5
8	1	6	5	4	7	2	9	3
5	4	7	2	9	3	8	1	6

15 SUDOKU

7	1	8	2	5	9	4	6	3
9	5	4	6	3	7	2	1	8
3	2	6	1	4	8	9	5	7
1	3	7	5	9	6	8	2	4
8	6	9	7	2	4	5	3	1
5	4	2	3	8	1	7	9	6
2	7	1	8	6	5	3	4	9
4	8	3	9	1	2	6	7	5
6	9	5	4	7	3	1	8	2

18 SUDOKU

5	9	1	2	4	8	6	3	7
4	6	3	5	7	1	8	9	2
7	8	2	9	3	6	1	4	5
8	1	4	7	6	5	3	2	9
9	2	6	3	8	4	7	5	1
3	5	7	1	2	9	4	8	6
6	3	9	8	5	7	2	1	4
2	4	5	6	1	3	9	7	8
1	7	8	4	9	2	5	6	3

19 SUDOKU

4	2	7	8	1	5	9	6	3
8	6	9	3	4	2	1	5	7
3	5	1	7	9	6	2	8	4
9	1	8	4	5	3	6	7	2
7	3	5	6	2	8	4	1	9
6	4	2	9	7	1	8	3	5
1	7	3	2	6	4	5	9	8
2	8	6	5	3	9	7	4	1
5	9	4	1	8	7	3	2	6

22 ABOVE OR BELOW

3	>	2	>	1		5	>	4
^		v						
5		1		4		2	<	3
1		4		2		3		5
4		3		5		1		2
				v				
2		5		3		4	>	1

20 SUDOKU

1	2	3	9	4	5	7	8	6
5	8	9	1	6	7	4	3	2
7	6	4	2	3	8	5	1	9
2	3	8	4	1	6	9	5	7
9	7	6	3	5	2	8	4	1
4	5	1	8	7	9	2	6	3
6	9	7	5	8	3	1	2	4
3	1	5	7	2	4	6	9	8
8	4	2	6	9	1	3	7	5

23 ABOVE OR BELOW

4		1		3		5		2
		^		^				
3		2	<	4		1	<	5
1		5		2		3	<	4
						v		
5	>	4		1	<	2		3
		v						
2	<	3		5		4		1

21 ABOVE OR BELOW

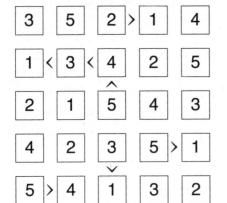

3		5		2	>	1		4
1	<	3	<	4		2		5
				^				
2		1		5		4		3
4		2		3		5	>	1
				v				
5	>	4		1		3		2

24 ABOVE OR BELOW

2		1		4		3		5
5		3	>	2		4		1
v				v				
4		2		1		5	>	3
1		5		3	>	2		4
		v		^		v		
3	<	4		5		1		2

25 ABOVE OR BELOW

4	>	3	2	6	>	5	1
1	<	6	4	<	5	2	3
2	>	1	3	4	6	5
6	4	5	3	1	2
5	2	6	1	3	<	4
3	5	1	<	2	4	6

26 ABOVE OR BELOW

4	6	>	3	5	1	2
5	1	6	3	2	4
3	2	4	1	<	5	<	6
2	<	4	5	6	>	3	>	1
1	5	2	4	<	6	3
6	>	3	1	<	2	<	4	<	5

27 ABOVE OR BELOW

1	<	2	4	5	3	6
5	1	6	3	2	4
4	3	<	5	1	6	2
3	6	>	2	4	5	1
2	5	1	6	4	>	3
6	4	>	3	>	2	1	5

28 ABOVE OR BELOW

2	<	3	5	6	1	4
3	<	4	1	<	2	5	6
1	6	4	>	3	2	5
6	5	2	1	4	3
5	1	6	4	3	2
4	>	2	3	5	<	6	1

29 ABOVE OR BELOW

5	>	3	7	1	4	2	6
7	2	6	5	3	4	1
2	1	3	4	7	6	>	5
3	7	2	6	5	1	<	4
4	6	1	3	2	5	7
1	5	4	7	>	6	3	>	2
6	4	5	2	1	7	3

30 ABOVE OR BELOW

6	<	7	5	3	<	4	1	<	2
4	2	3	>	1	6	5	7
3	1	<	2	7	5	>	4	6
5	<	6	4	2	7	3	>	1
7	4	1	6	>	3	2	5
2	5	<	6	4	1	7	3
1	3	7	5	2	6	>	4

31   ABOVE OR BELOW

```
5 > 4 > 1   7   2   6   3
                    ^
1 < 5   4 > 3   6   7   2
        ^       ^
4   3   5   1   7   2   6
        ^           v
7   6 > 2   4   3 > 1   5
    ^           ^
2   7   3   6   4 < 5   1
6   2   7   5 > 1   3   4
    v           ^       ^
3   1   6 > 2   5   4   7
```

32   ABOVE OR BELOW

```
6   1   4   2   3   7   5
            ^               v
2   7   3   6 > 5   1   4
                ^           v
1   5 < 6   4   7 > 2 < 3
        v   ^
5 > 4   7   3   2   6   1
^       v
7   3 > 2   5   1 < 4   6
    ^       v
3   6   1   7 > 4   5   2
    ^   v                   ^
4   2   5   1   6   3   7
```

33   ABOVE OR BELOW

```
6   7   2 < 3 < 4   5 > 1
                v   ^
3   6   7   1   5 > 4 > 2
^
4   1   6 < 7   2   3 < 5
                        v
5   4   3   6   1 < 2   7
^
7   2   1   5   3 < 6   4
    ^   ^
2   3   5   4   7   1   6
    v
1   5   4 > 2   6 < 7   3
```

34   ABOVE OR BELOW

```
5   7   4   6 > 2   3   1
7 > 5 > 1   2 < 3   4   6
                ^
2   3   6   4 < 5   1   7
        v       ^           v
6   2 < 3   1   7   5 > 4
                    ^
3   4   2   7   1   6   5
^           v
4   1   7   5   6   2   3
    ^
1   6 > 5   3 < 4   7   2
```

35   ABOVE OR BELOW

```
6   3   4   5   1   7   2
^   ^           ^       ^
7   6   1   2   4   5 > 3
v
2   7   5   6 > 3   4 > 1
4   2   7   3   5   1   6
                v       ^
1   5 < 6   7   2 < 3 < 4
        v               ^
5   4 > 3   1   6   2   7
v               v
3   1 < 2   4   7   6 > 5
```

36   ABOVE OR BELOW

```
5 > 4   2   1   7   3 < 6
^           ^
6   1   4 < 5   3   7   2
                            ^
1   3   7   4   6   2   5
        ^           v
7   5   1   3 > 2   6   4
                ^
2   6 > 3   7   5 > 4   1
                v
3 > 2 < 5 < 6 > 4 > 1   7
^
4   7 > 6   2 > 1   5   3
```

37 ABOVE OR BELOW

4	1	5	2	3	7	6
2	6	7	5	4	1	3
7	5	4	6	2	3	1
5	3	1	7	6	2	4
3	7	2	4	1	6	5
6	4	3	1	7	5	2
1	2	6	3	5	4	7

38 ABOVE OR BELOW

4	1	7	5	2	3	6
3	2	1	4	5	6	7
1	5	3	2	6	7	4
7	6	2	3	4	1	5
6	4	5	1	7	2	3
2	7	4	6	3	5	1
5	3	6	7	1	4	2

39 ABOVE OR BELOW

3	4	6	5	7	1	2
6	2	3	7	5	4	1
7	1	5	2	3	6	4
1	3	2	4	6	5	7
4	5	7	1	2	3	6
2	6	1	3	4	7	5
5	7	4	6	1	2	3

40 ABOVE OR BELOW

2	6	4	1	3	5	7
1	2	5	6	7	3	4
3	7	6	5	4	2	1
6	3	7	2	1	4	5
4	1	2	3	5	7	6
5	4	1	7	2	6	3
7	5	3	4	6	1	2

41 JIGSAW SUDOKU

3	9	8	5	6	1	4	2	7
5	2	7	1	9	8	3	6	4
2	7	4	3	5	9	1	8	6
8	6	3	7	4	2	5	1	9
1	4	9	6	8	3	2	7	5
4	1	2	8	7	5	6	9	3
6	5	1	9	3	7	8	4	2
9	3	6	2	1	4	7	5	8
7	8	5	4	2	6	9	3	1

42 JIGSAW SUDOKU

9	3	6	2	5	1	7	4	8
6	8	7	4	3	2	9	1	5
7	9	2	3	8	4	6	5	1
3	5	4	6	9	7	1	8	2
4	7	1	8	2	3	5	6	9
1	2	5	7	4	6	8	9	3
5	6	9	1	7	8	2	3	4
8	1	3	5	6	9	4	2	7
2	4	8	9	1	5	3	7	6

43   JIGSAW SUDOKU

9	3	7	5	2	8	6	1	4
7	4	6	8	1	2	5	3	9
1	9	2	6	4	3	8	7	5
5	1	3	7	9	6	2	4	8
2	7	8	4	5	1	9	6	3
6	2	5	3	7	9	4	8	1
8	6	9	1	3	4	7	5	2
3	8	4	9	6	5	1	2	7
4	5	1	2	8	7	3	9	6

46   JIGSAW SUDOKU

3	5	9	4	1	8	6	7	2
7	8	2	5	6	3	4	1	9
6	2	8	9	3	7	1	5	4
1	6	4	3	2	9	5	8	7
8	9	5	7	4	2	3	6	1
2	3	1	8	7	5	9	4	6
4	7	3	1	9	6	8	2	5
9	4	7	6	5	1	2	3	8
5	1	6	2	8	4	7	9	3

44   JIGSAW SUDOKU

6	9	2	4	3	8	1	5	7
8	5	7	6	1	9	2	4	3
9	4	1	5	8	7	3	6	2
7	2	3	1	9	6	4	8	5
4	6	5	8	2	3	7	9	1
2	8	9	3	6	1	5	7	4
3	1	8	7	4	5	9	2	6
1	7	6	2	5	4	8	3	9
5	3	4	9	7	2	6	1	8

47   JIGSAW SUDOKU

3	4	2	8	6	5	9	7	1
7	9	1	4	8	3	6	2	5
5	6	7	3	1	9	2	8	4
1	5	9	2	7	4	8	6	3
6	2	5	7	9	1	4	3	8
8	1	4	6	3	7	5	9	2
2	3	8	9	5	6	1	4	7
9	8	3	1	4	2	7	5	6
4	7	6	5	2	8	3	1	9

45   JIGSAW SUDOKU

7	2	5	9	1	8	6	3	4
1	4	6	7	3	5	2	9	8
3	9	2	6	5	4	1	8	7
2	8	3	4	9	1	5	7	6
8	7	9	1	6	3	4	2	5
4	6	7	5	8	2	9	1	3
9	5	8	3	2	6	7	4	1
5	1	4	8	7	9	3	6	2
6	3	1	2	4	7	8	5	9

48   JIGSAW SUDOKU

6	4	3	2	7	5	9	1	8
8	5	1	9	2	4	6	7	3
2	1	7	6	4	8	3	9	5
5	7	6	3	1	9	8	2	4
3	9	4	1	6	2	5	8	7
9	8	2	7	3	1	4	5	6
4	3	9	8	5	7	2	6	1
1	6	8	5	9	3	7	4	2
7	2	5	4	8	6	1	3	9

49   JIGSAW SUDOKU

1	5	8	7	6	3	4	2	9
4	9	2	3	5	8	7	1	6
7	2	4	6	9	5	8	3	1
8	1	9	4	2	7	3	6	5
5	3	7	1	4	2	6	9	8
9	6	3	2	8	4	1	5	7
2	4	6	5	7	1	9	8	3
6	7	1	8	3	9	5	4	2
3	8	5	9	1	6	2	7	4

52   JIGSAW SUDOKU

5	9	7	4	6	1	8	3	2
1	8	3	9	2	7	6	5	4
2	6	8	5	1	3	4	9	7
3	4	5	8	9	2	7	1	6
9	1	4	7	8	6	5	2	3
7	2	6	3	4	9	1	8	5
6	3	2	1	5	4	9	7	8
8	7	1	6	3	5	2	4	9
4	5	9	2	7	8	3	6	1

50   JIGSAW SUDOKU

8	7	2	1	5	9	3	4	6
7	9	3	6	2	4	5	8	1
2	3	4	8	9	6	1	5	7
6	1	5	7	8	3	2	9	4
5	4	1	9	6	8	7	2	3
4	5	6	2	1	7	9	3	8
1	8	9	3	7	2	4	6	5
9	6	7	4	3	5	8	1	2
3	2	8	5	4	1	6	7	9

53   JIGSAW SUDOKU

3	5	1	6	2	4	9	7	8
4	8	3	9	5	7	6	1	2
9	1	6	7	3	8	2	5	4
6	2	5	8	4	1	7	9	3
7	4	2	3	8	9	5	6	1
5	6	4	1	7	2	3	8	9
2	3	8	5	9	6	1	4	7
1	9	7	4	6	3	8	2	5
8	7	9	2	1	5	4	3	6

51   JIGSAW SUDOKU

4	7	6	8	3	9	5	1	2
3	5	7	9	1	6	2	8	4
1	4	2	6	5	7	8	3	9
2	8	9	3	4	1	7	6	5
5	9	8	1	7	4	3	2	6
7	6	4	2	8	3	9	5	1
6	3	5	7	9	2	1	4	8
9	2	1	5	6	8	4	7	3
8	1	3	4	2	5	6	9	7

54   JIGSAW SUDOKU

1	3	5	2	8	7	6	4	9
7	9	8	3	4	2	5	1	6
3	4	6	8	9	1	2	7	5
4	5	2	9	1	8	3	6	7
9	2	7	5	6	4	1	8	3
8	7	3	1	2	6	9	5	4
6	1	4	7	3	5	8	9	2
2	6	1	4	5	9	7	3	8
5	8	9	6	7	3	4	2	1

55 JIGSAW SUDOKU

5	6	2	4	1	9	3	7	8
3	9	8	5	7	6	1	2	4
1	7	4	3	8	2	9	6	5
8	2	6	9	5	1	4	3	7
2	4	5	6	3	8	7	1	9
6	1	9	7	2	4	8	5	3
7	5	1	8	4	3	6	9	2
9	8	3	2	6	7	5	4	1
4	3	7	1	9	5	2	8	6

58 NEIGHBORS

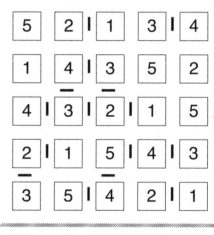

1	5	4	3	2
3	4	2	1	5
4	2	3	5	1
5	3	1	2	4
2	1	5	4	3

56 NEIGHBORS

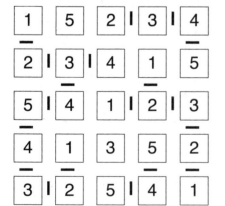

2	5	3	4	1
5	4	2	1	3
3	2	1	5	4
4	1	5	3	2
1	3	4	2	5

59 NEIGHBORS

5	2	1	3	4
1	4	3	5	2
4	3	2	1	5
2	1	5	4	3
3	5	4	2	1

57 NEIGHBORS

1	5	2	3	4
2	3	4	1	5
5	4	1	2	3
4	1	3	5	2
3	2	5	4	1

60 NEIGHBORS

5	4	3	1	6	2
3	2	6	4	5	1
4	5	1	2	3	6
1	3	2	6	4	5
6	1	5	3	2	4
2	6	4	5	1	3

61 NEIGHBORS

4	1	2	3	6	5
2	5	1	6	4	3
3	2	6	1	5	4
6	3	4	5	2	1
1	6	5	4	3	2
5	4	3	2	1	6

62 NEIGHBORS

5	3	1	4	2	6
4	5	3	1	6	2
6	2	5	3	4	1
1	4	6	2	5	3
3	6	2	5	1	4
2	1	4	6	3	5

63 NEIGHBORS

6	3	4	5	1	2
5	6	3	4	2	1
4	2	6	1	3	5
3	1	5	2	6	4
1	5	2	6	4	3
2	4	1	3	5	6

64 NEIGHBORS

5	7	4	3	1	6	2
1	2	6	4	7	5	3
6	1	2	5	4	3	7
3	4	7	2	5	1	6
7	3	5	1	6	2	4
4	5	3	6	2	7	1
2	6	1	7	3	4	5

65 NEIGHBORS

6	5	7	1	3	2	4
1	7	6	3	4	5	2
7	4	5	2	6	3	1
3	1	4	7	2	6	5
4	2	3	5	7	1	6
5	3	2	6	1	4	7
2	6	1	4	5	7	3

66 NEIGHBORS

3	2	1	6	5	4	7
1	5	4	3	2	7	6
6	3	7	2	1	5	4
7	4	5	1	6	2	3
5	6	2	7	4	3	1
2	1	3	4	7	6	5
4	7	6	5	3	1	2

67   NEIGHBORS

4	3	5	2	7	6	1
2	4	1	7	5	3	6
1	5	3	4	6	2	7
5	1	2	6	3	7	4
6	7	4	3	2	1	5
7	2	6	1	4	5	3
3	6	7	5	1	4	2

70   NEIGHBORS

2	4	1	3	6	5	7
7	3	6	5	4	1	2
4	5	3	1	2	7	6
1	6	7	2	5	3	4
5	7	4	6	1	2	3
6	2	5	7	3	4	1
3	1	2	4	7	6	5

68   NEIGHBORS

4	5	3	2	1	7	6
6	1	4	5	3	2	7
3	6	5	1	7	4	2
2	7	1	4	6	3	5
7	3	2	6	5	1	4
1	2	6	7	4	5	3
5	4	7	3	2	6	1

71   NEIGHBORS

4	1	5	6	2	3	7
5	6	2	7	4	1	3
2	5	6	1	3	7	4
3	2	7	5	6	4	1
1	7	4	3	5	6	2
7	4	3	2	1	5	6
6	3	1	4	7	2	5

69   NEIGHBORS

6	7	2	4	3	1	5
7	3	4	5	1	6	2
3	6	1	2	5	4	7
2	1	6	3	7	5	4
1	4	5	7	6	2	3
4	5	3	6	2	7	1
5	2	7	1	4	3	6

72   NEIGHBORS

2	4	7	5	6	1	3
1	3	2	6	7	5	4
4	6	3	7	5	2	1
7	5	6	1	3	4	2
5	2	1	3	4	6	7
6	7	4	2	1	3	5
3	1	5	4	2	7	6

73 NEIGHBORS

7	6	4	3	1	2	5
3	4	5	6	7	1	2
4	1	6	7	2	5	3
5	7	1	2	3	4	6
6	2	3	1	5	7	4
1	3	2	5	4	6	7
2	5	7	4	6	3	1

74 NEIGHBORS

6	3	4	2	1	5	7
5	4	2	6	7	3	1
3	7	1	5	2	4	6
1	2	7	3	5	6	4
4	5	6	1	3	7	2
2	6	3	7	4	1	5
7	1	5	4	6	2	3

75 NEIGHBORS

4	7	3	5	1	6	2
7	1	2	3	5	4	6
3	5	6	1	2	7	4
5	2	4	6	3	1	7
1	4	7	2	6	3	5
2	6	1	4	7	5	3
6	3	5	7	4	2	1

76 KILLER SUDOKU

9	1	6	2	4	8	5	3	7
5	4	3	6	7	9	2	8	1
8	2	7	1	3	5	6	9	4
7	9	2	8	6	3	4	1	5
6	3	8	5	1	4	7	2	9
4	5	1	9	2	7	8	6	3
1	6	5	7	9	2	3	4	8
3	7	9	4	8	6	1	5	2
2	8	4	3	5	1	9	7	6

77 KILLER SUDOKU

1	2	5	6	8	4	7	9	3
3	4	8	7	9	5	2	1	6
9	6	7	2	1	3	4	5	8
5	7	4	3	6	8	1	2	9
8	3	1	9	4	2	5	6	7
2	9	6	5	7	1	3	8	4
4	5	3	8	2	6	9	7	1
6	1	9	4	5	7	8	3	2
7	8	2	1	3	9	6	4	5

78 KILLER SUDOKU

1	8	6	2	9	5	7	3	4
4	9	7	3	8	6	1	2	5
2	3	5	4	1	7	6	8	9
3	1	2	5	6	9	8	4	7
5	6	4	7	3	8	9	1	2
8	7	9	1	2	4	5	6	3
9	5	8	6	4	2	3	7	1
6	2	1	9	7	3	4	5	8
7	4	3	8	5	1	2	9	6

79   KILLER SUDOKU

5	1	7	4	8	9	3	2	6
4	8	2	5	3	6	7	1	9
3	9	6	2	1	7	4	8	5
8	2	3	1	7	5	6	9	4
7	6	9	8	2	4	1	5	3
1	4	5	6	9	3	2	7	8
2	3	4	9	5	1	8	6	7
6	5	8	7	4	2	9	3	1
9	7	1	3	6	8	5	4	2

82   KILLER SUDOKU

5	4	6	1	9	7	8	2	3
2	9	7	3	8	6	5	4	1
3	8	1	4	5	2	6	9	7
1	2	3	9	4	5	7	8	6
8	6	9	7	2	1	4	3	5
4	7	5	6	3	8	9	1	2
9	1	4	5	7	3	2	6	8
6	5	8	2	1	9	3	7	4
7	3	2	8	6	4	1	5	9

80   KILLER SUDOKU

6	9	8	3	4	2	5	1	7
4	5	3	6	7	1	8	9	2
7	1	2	8	9	5	3	4	6
9	7	5	2	3	4	6	8	1
8	4	6	7	1	9	2	5	3
3	2	1	5	8	6	9	7	4
2	6	9	4	5	7	1	3	8
5	3	4	1	2	8	7	6	9
1	8	7	9	6	3	4	2	5

83   KILLER SUDOKU

8	9	2	3	6	5	7	1	4
3	6	4	1	7	2	5	9	8
1	5	7	4	8	9	2	6	3
5	4	9	7	1	6	3	8	2
2	1	6	5	3	8	9	4	7
7	3	8	9	2	4	6	5	1
4	7	3	6	9	1	8	2	5
6	2	5	8	4	7	1	3	9
9	8	1	2	5	3	4	7	6

81   KILLER SUDOKU

3	1	2	4	7	5	9	8	6
7	6	5	3	9	8	4	2	1
8	4	9	2	1	6	3	5	7
6	2	7	8	5	3	1	9	4
5	8	1	7	4	9	6	3	2
9	3	4	6	2	1	8	7	5
2	5	3	1	8	4	7	6	9
1	9	6	5	3	7	2	4	8
4	7	8	9	6	2	5	1	3

84   KILLER SUDOKU

8	5	6	2	7	4	1	3	9
9	2	1	8	3	5	6	4	7
4	3	7	6	9	1	5	2	8
5	1	8	9	4	3	7	6	2
7	9	3	5	2	6	4	8	1
2	6	4	1	8	7	3	9	5
3	8	5	7	6	2	9	1	4
1	4	9	3	5	8	2	7	6
6	7	2	4	1	9	8	5	3

85 KILLER SUDOKU

9	8	3	2	1	4	7	5	6
7	6	4	8	3	5	2	1	9
5	2	1	9	6	7	3	8	4
6	3	2	7	4	1	5	9	8
1	7	5	3	9	8	4	6	2
4	9	8	5	2	6	1	7	3
2	4	7	1	8	9	6	3	5
3	1	9	6	5	2	8	4	7
8	5	6	4	7	3	9	2	1

88 KILLER SUDOKU

9	6	7	5	3	8	2	4	1
4	1	2	6	9	7	8	5	3
5	3	8	1	4	2	9	6	7
2	5	9	8	7	3	4	1	6
6	8	3	4	1	9	7	2	5
1	7	4	2	5	6	3	9	8
3	9	1	7	6	4	5	8	2
8	4	5	3	2	1	6	7	9
7	2	6	9	8	5	1	3	4

86 KILLER SUDOKU

8	6	2	5	1	7	3	4	9
4	5	1	9	8	3	6	2	7
9	7	3	4	6	2	8	5	1
7	1	9	3	5	8	2	6	4
5	3	6	2	4	9	7	1	8
2	4	8	6	7	1	5	9	3
3	9	4	8	2	6	1	7	5
6	8	7	1	9	5	4	3	2
1	2	5	7	3	4	9	8	6

89 KILLER SUDOKU

5	3	2	9	1	6	8	7	4
1	7	9	4	8	3	6	2	5
6	8	4	2	5	7	3	9	1
2	9	3	7	4	1	5	8	6
7	4	5	6	2	8	9	1	3
8	6	1	3	9	5	2	4	7
4	5	6	8	7	2	1	3	9
9	1	8	5	3	4	7	6	2
3	2	7	1	6	9	4	5	8

87 KILLER SUDOKU

8	2	1	9	6	5	3	7	4
4	5	3	2	7	1	6	8	9
9	7	6	3	4	8	2	1	5
2	3	7	6	9	4	1	5	8
5	6	4	8	1	3	9	2	7
1	8	9	7	5	2	4	6	3
7	9	5	4	2	6	8	3	1
6	4	8	1	3	7	5	9	2
3	1	2	5	8	9	7	4	6

90 KILLER SUDOKU

5	2	4	9	6	3	8	1	7
3	9	8	1	7	2	6	4	5
1	6	7	5	4	8	2	9	3
4	1	3	2	8	7	5	6	9
8	7	9	3	5	6	1	2	4
2	5	6	4	1	9	3	7	8
6	3	1	7	9	5	4	8	2
9	8	2	6	3	4	7	5	1
7	4	5	8	2	1	9	3	6

91   KILLER SUDOKU

3	6	5	1	7	2	9	4	8
9	7	2	8	5	4	3	6	1
1	8	4	3	9	6	2	7	5
8	2	9	5	1	7	6	3	4
7	3	6	2	4	8	5	1	9
5	4	1	6	3	9	7	8	2
4	9	3	7	8	5	1	2	6
6	1	8	9	2	3	4	5	7
2	5	7	4	6	1	8	9	3

92   KILLER SUDOKU

3	9	6	4	2	5	7	1	8
4	8	1	6	7	3	5	2	9
2	7	5	8	1	9	4	3	6
8	5	2	7	3	4	9	6	1
7	1	9	2	8	6	3	4	5
6	4	3	9	5	1	8	7	2
9	3	7	1	6	8	2	5	4
1	2	8	5	4	7	6	9	3
5	6	4	3	9	2	1	8	7

93   KILLER SUDOKU

6	4	9	1	8	2	7	3	5
3	7	2	4	5	9	8	6	1
5	1	8	6	7	3	4	2	9
1	5	3	9	2	4	6	8	7
7	2	6	5	3	8	9	1	4
8	9	4	7	1	6	3	5	2
2	6	7	3	9	5	1	4	8
4	8	1	2	6	7	5	9	3
9	3	5	8	4	1	2	7	6

94   KILLER SUDOKU

9	8	6	5	3	4	2	1	7
7	1	5	2	9	6	8	3	4
4	2	3	7	1	8	5	6	9
3	6	7	4	5	1	9	2	8
1	5	8	3	2	9	7	4	6
2	9	4	6	8	7	3	5	1
6	7	2	9	4	3	1	8	5
8	3	9	1	6	5	4	7	2
5	4	1	8	7	2	6	9	3

95   KILLER SUDOKU

9	1	4	7	8	3	2	5	6
7	3	2	5	6	4	1	9	8
5	8	6	9	1	2	3	4	7
2	9	5	1	3	8	7	6	4
1	4	3	6	7	9	8	2	5
6	7	8	2	4	5	9	1	3
8	6	9	3	5	1	4	7	2
4	2	7	8	9	6	5	3	1
3	5	1	4	2	7	6	8	9

96   FILLOMINO

4	4	4	5	5	5	7	7	3	3
1	4	1	5	5	1	7	7	1	3
5	1	3	1	6	6	7	7	4	1
5	5	3	3	6	6	7	3	4	4
5	5	1	6	6	1	3	3	4	1

97 FILLOMINO

5	5	3	3	9	9	9	5	5	1
5	1	3	1	9	9	1	5	5	2
5	5	1	9	9	9	9	5	1	2
8	8	8	8	8	3	1	4	4	1
1	8	8	8	1	3	3	1	4	4

98 FILLOMINO

8	1	4	4	4	1	8	8	1	8
8	8	1	4	1	8	8	8	8	8
8	1	5	5	7	7	7	7	7	1
8	8	5	5	2	7	7	5	5	2
8	8	5	1	2	1	5	5	5	2

99 FILLOMINO

7	7	7	7	2	1	7	1	5	5
7	7	7	1	2	7	7	7	7	5
1	6	6	6	1	7	7	1	5	5
3	1	6	6	3	3	4	4	1	3
3	3	6	1	3	1	4	4	3	3

100 FILLOMINO

3	1	9	9	9	9	1	5	5	5
3	3	9	9	9	1	4	5	5	1
1	7	9	9	2	4	4	4	1	3
7	7	7	1	2	1	5	1	2	3
1	7	7	7	5	5	5	5	2	3

101 FILLOMINO

2	1	4	4	1	4	4	6	6	6
2	5	4	4	8	4	4	6	6	1
1	5	5	8	8	8	1	6	1	5
4	5	5	1	8	1	3	3	5	5
4	4	4	8	8	8	3	1	5	5

102 FILLOMINO

1	9	1	7	7	7	8	8	8	1
9	9	9	7	7	7	8	8	8	2
4	9	9	9	7	1	8	8	1	2
4	1	9	9	1	8	1	7	7	7
4	4	1	3	3	8	8	7	7	7
5	5	6	6	3	8	8	6	1	7
5	1	6	6	8	8	8	6	6	6
5	5	6	6	4	4	1	6	6	1
4	4	3	1	4	4	5	1	3	3
4	4	3	3	5	5	5	5	1	3

103 FILLOMINO

8	1	2	1	7	7	1	5	5	1
8	8	2	4	4	7	7	5	5	5
8	8	1	4	4	7	7	1	5	1
1	8	8	8	5	1	9	9	9	9
2	1	5	5	5	5	9	9	9	9
2	9	9	9	7	7	7	1	9	1
1	9	9	1	7	7	7	7	1	5
9	9	9	9	6	1	4	4	4	5
3	3	1	3	6	6	4	1	5	5
3	1	3	3	1	6	6	6	1	5

104 FILLOMINO

8	8	8	1	5	1	9	9	9	9
8	8	8	5	5	5	5	9	9	9
8	8	9	9	9	9	1	9	9	1
6	1	9	9	9	9	9	4	4	4
6	6	6	6	6	1	7	7	4	1
1	3	1	9	9	7	7	7	1	3
3	3	9	9	9	9	7	7	3	3
1	9	9	9	1	6	6	6	5	1
5	5	5	4	4	4	6	6	5	5
5	1	5	1	4	1	6	1	5	5

105 FILLOMINO

1	5	1	4	4	4	1	5	5	3
5	5	5	4	8	8	8	5	5	3
1	5	1	8	8	8	1	5	1	3
6	6	6	8	8	1	5	1	3	1
4	6	6	5	5	5	5	6	3	3
4	4	6	3	1	6	6	6	6	6
4	1	3	3	5	5	7	7	7	1
1	3	1	5	5	5	7	7	7	4
2	3	3	6	6	6	2	7	1	4
2	1	6	6	6	1	2	1	4	4

106 FILLOMINO

4	4	1	3	3	1	9	1	9	9
1	4	4	1	3	9	9	9	9	1
3	3	6	6	9	9	5	1	3	3
3	1	6	6	7	7	5	5	3	1
1	6	6	1	7	1	5	5	1	6
5	5	7	7	7	7	1	6	6	6
5	5	1	8	8	1	3	3	6	6
5	1	2	8	8	8	3	1	3	3
4	4	2	3	3	8	8	4	4	3
4	4	1	3	1	8	1	4	4	1

107 FILLOMINO

4	1	8	8	8	6	6	1	4	1
4	4	8	1	6	6	6	6	4	4
4	1	8	8	8	8	4	4	1	4
9	9	9	9	9	5	1	4	4	5
9	9	9	9	1	5	5	3	1	5
4	4	1	4	4	5	5	3	3	5
4	4	7	4	4	8	8	8	1	5
1	7	7	7	1	8	8	8	8	5
7	7	5	5	5	8	4	1	3	3
1	7	1	5	5	4	4	4	1	3

108 FILLOMINO

4	4	3	1	6	6	6	8	8	8	1	6	6	6	6
4	5	3	3	6	6	1	8	1	8	8	6	1	6	1
4	5	5	5	6	1	6	6	6	8	8	1	2	1	2
1	5	6	6	1	0	6	6	5	5	1	4	2	7	2
3	3	6	6	6	4	1	5	5	4	4	4	1	7	7
3	1	6	3	3	4	4	5	1	3	3	1	7	7	7
5	5	1	3	1	4	4	1	6	6	3	5	5	6	7
5	5	6	1	4	1	3	3	6	6	5	5	6	6	6
5	1	6	6	4	4	3	1	6	6	5	1	6	6	1
1	6	6	6	1	4	1	4	4	1	4	4	4	3	3
4	4	4	1	8	8	8	8	4	4	1	4	1	3	1
4	1	7	7	8	8	8	1	6	6	6	1	6	6	6
1	7	7	7	1	8	1	6	6	6	4	4	6	6	6
3	7	7	5	5	5	2	5	5	1	4	4	3	3	2
3	3	1	5	5	1	2	1	5	5	5	1	3	1	2

109 FILLOMINO

8	8	8	8	3	3	8	8	1	3	3	1	9	1	9
8	8	8	1	3	1	8	8	8	3	1	9	9	9	9
8	1	3	3	1	8	8	8	4	4	4	5	5	9	9
1	5	5	3	7	7	7	1	4	1	5	5	5	1	9
6	1	5	5	5	7	1	5	1	8	8	8	8	6	6
6	6	3	1	7	7	7	5	5	8	8	8	1	6	6
6	1	3	3	6	6	1	5	5	1	8	5	5	6	6
6	6	1	6	6	6	6	1	3	3	1	5	1	3	1
1	4	4	5	5	1	9	9	1	3	7	5	5	3	3
4	4	5	5	5	9	9	9	9	1	7	7	1	5	5
2	1	3	1	9	9	1	9	1	7	7	1	5	5	5
2	8	3	3	1	6	6	1	5	1	7	7	1	6	6
1	8	8	5	5	6	6	6	5	5	1	4	4	1	6
8	8	1	5	1	6	1	4	5	5	4	1	4	4	6
8	8	8	5	5	4	4	4	1	4	4	4	1	6	6

110 FILLOMINO

1	8	1	2	1	7	7	7	1	6	6	6	6	1	2
8	8	8	2	6	1	7	7	7	7	2	1	6	6	2
8	8	8	6	6	6	1	5	5	5	2	7	7	7	7
1	8	1	6	6	1	2	1	5	5	7	7	7	1	3
2	1	4	7	7	7	2	4	4	1	5	5	4	4	3
2	4	4	4	7	7	4	4	1	5	5	5	4	4	3
7	7	1	7	7	1	5	5	5	3	1	7	7	7	7
7	7	6	6	6	7	7	5	5	3	3	7	7	1	7
7	6	6	6	1	7	7	7	1	9	1	9	9	9	1
7	7	5	5	5	5	7	7	9	9	9	9	9	1	2
8	8	8	1	5	1	6	1	5	5	5	5	4	4	2
4	4	8	8	8	6	6	6	6	6	5	1	4	4	1
4	4	1	8	8	1	5	5	5	1	9	9	9	9	9
1	5	5	6	6	6	5	5	3	4	4	9	9	9	1
5	5	5	1	6	6	6	1	3	1	4	4	4	1	9

111   FILLOMINO

```
4 1 3 1 8 1 5 5 3 3 1 5 5 5 5
4 4 3 3 8 8 5 1 3 1 7 7 6 6 5
4 1 8 8 8 1 5 5 8 8 7 7 6 6 1
1 7 1 8 8 3 3 8 8 8 7 7 1 6 6
7 7 7 7 1 3 5 8 8 8 7 5 5 7 7
7 7 1 4 4 4 5 5 1 4 1 5 5 7 7
4 1 3 3 4 7 5 5 4 4 4 5 1 7 7
4 4 3 1 7 7 7 7 6 6 6 4 4 4 7
4 1 4 4 4 1 7 7 6 6 2 4 6 6 1
7 7 7 4 1 5 5 1 6 1 2 6 6 6 6
7 7 1 5 5 5 1 8 8 8 5 5 5 5 1
1 7 7 6 6 1 4 4 8 8 8 5 6 6 6
2 1 6 6 6 6 4 4 8 8 1 7 7 1 6
2 3 3 1 4 1 3 1 5 5 5 7 7 7 6
1 3 1 4 4 4 3 3 5 5 1 7 7 1 6
```

114   FILLOMINO

```
7 1 5 5 5 1 8 8 8 8 8 7 1 4 4 1 4 4 4 1
7 7 5 5 1 8 8 1 8 8 7 7 7 4 4 1 3 1 4 4
7 7 1 6 6 6 6 4 1 7 7 7 5 5 5 3 3 8 8 2
1 7 7 6 6 1 4 4 4 1 9 9 9 5 5 7 7 7 8 1
7 1 4 4 4 9 9 1 3 3 1 9 9 9 1 7 7 7 8 8
7 7 4 4 9 9 9 3 2 9 9 9 3 1 7 1 8 8
7 7 7 1 4 9 9 6 1 2 1 6 6 3 3 5 5 1 8
1 3 3 1 4 4 4 1 6 6 1 6 6 1 9 9 5 5 5 2
7 1 3 5 5 5 1 6 6 6 3 1 6 6 9 9 9 9 1 2
7 7 1 5 5 1 4 4 5 5 3 1 9 9 9 6 6 6 1
7 7 1 3 3 4 4 1 5 5 5 1 8 8 8 1 6 6 6
1 7 1 4 4 3 1 9 9 9 1 8 8 8 8 4 4 7 7
6 6 6 4 4 1 9 9 9 4 4 1 5 5 5 4 7 7 7
6 1 6 6 1 3 1 9 9 2 1 4 4 1 5 5 1 7 1 7
1 8 8 4 4 3 3 8 2 7 7 9 9 9 8 8 8 8 9
8 8 1 4 4 1 8 8 1 7 7 1 1 8 8 8 8 9
8 8 8 2 1 8 1 8 8 1 7 1 9 9 9 9 1 4 1 9
1 8 1 2 8 8 8 1 8 8 3 3 1 9 9 1 4 4 4 9
3 3 2 8 1 8 4 4 4 1 3 5 5 6 1 6 1 9 9 9
3 1 2 1 8 8 1 1 5 5 5 1 6 6 6 6 6 9 9 1
```

112   FILLOMINO

```
4 1 7 7 7 7 1 5 5 5 5 1 4 4 4
4 3 3 7 7 1 7 7 7 5 1 8 1 4 1
4 3 1 7 1 7 7 7 7 3 3 8 8 8 8
4 1 6 6 6 6 1 2 1 3 7 1 8 8 8
3 3 9 1 6 6 8 2 8 1 7 7 7 7 1
3 9 9 9 8 8 8 8 1 8 8 8 1 7 7 3
9 9 9 9 8 8 8 8 1 8 8 3 1 3 3
1 9 1 7 1 4 4 1 8 8 1 3 3 4 4
2 1 7 7 7 1 4 4 5 5 5 5 6 4 4
2 8 1 7 7 5 5 1 8 8 5 6 6 6 0
8 8 8 7 1 5 5 5 8 1 6 6 1 3 3
1 8 8 1 9 9 9 7 1 8 8 8 1 5 5 5
2 1 8 8 9 1 7 7 7 8 8 5 5 3 1
2 4 4 1 9 9 1 7 1 5 5 1 4 3 3
1 4 4 9 9 9 9 7 7 5 5 5 4 4 4
```

115   FILLOMINO

```
7 7 7 1 4 4 1 9 9 1 6 6 1 5 5 5 1 4 4 5
1 6 7 7 4 4 9 9 9 6 6 6 6 5 5 6 4 4 5
6 6 1 7 7 1 5 9 9 5 5 5 1 4 1 6 6 6 5
6 6 6 4 1 5 5 1 9 5 5 4 4 1 6 6 1 5 5
1 8 1 4 4 5 5 7 7 3 3 1 7 7 7 1 9 9 9 1
8 8 8 1 4 1 7 7 3 1 7 7 7 7 2 1 9 9 4
8 8 8 9 9 9 7 1 6 6 8 8 8 1 2 9 9 1 4
6 1 9 9 9 1 5 5 6 6 8 8 4 4 9 9 4 4
6 6 9 9 9 1 5 5 5 1 6 6 8 1 4 4 1 4 1 4
6 6 1 6 1 3 3 8 8 5 5 1 6 6 6 1 4 4 4 6
6 1 6 6 3 3 8 8 1 5 5 7 7 6 6 5 5 1 6 6
4 4 1 6 6 5 5 8 8 5 1 7 7 0 1 5 5 5 6 6
2 4 4 5 5 1 8 8 1 7 7 1 6 3 6 6 6 1
2 9 9 9 6 6 6 4 4 9 1 6 6 3 3 6 6 6 1
1 9 9 9 6 1 4 4 9 9 9 9 5 5 1 9 9 9 4
2 1 9 9 4 4 1 9 9 9 9 9 5 5 1 9 9 9 4
2 5 5 4 4 1 5 5 5 5 5 6 6 1 9 9 1 9 9
5 5 5 2 1 4 1 5 6 1 2 1 7 1 6 6 6 6 1
1 4 1 2 5 4 4 4 6 6 2 7 7 7 4 1 6 6 4 4
4 4 4 5 5 5 5 6 6 6 1 7 7 7 4 4 1 4 4
```

113   FILLOMINO

```
7 1 7 1 4 4 4 1 9 9 9 8 8 8 1
7 7 7 7 2 1 4 9 9 9 9 1 8 8 8
2 1 7 1 2 7 7 7 9 9 6 6 8 8 4
2 9 1 7 7 7 1 7 1 6 6 1 5 5 4
9 9 9 9 9 1 6 1 5 1 6 6 5 5 4
6 1 9 9 9 6 6 3 5 5 5 1 5 1 4
6 6 6 1 6 6 6 3 3 5 1 7 7 7 7
6 6 1 3 1 5 5 1 6 6 6 6 6 7 1
4 4 4 3 3 5 5 5 9 9 2 6 1 7 7
4 1 7 7 7 1 9 9 9 9 2 1 8 8 8
9 9 9 7 7 7 9 1 9 9 8 8 8 8 1
1 9 1 7 1 6 6 6 3 1 4 4 8 1 3
9 9 9 6 6 6 1 3 3 1 4 1 3 3 3
1 6 1 4 4 4 7 1 7 7 4 4 5 5 1
6 6 6 6 6 4 1 7 7 7 7 1 5 5 5
```

116   FILLOMINO

```
5 1 7 7 1 2 1 8 1 7 1 1 7 1 4 1 5 1 3 1 6
5 5 7 7 7 2 8 8 8 7 7 7 4 4 5 5 5 3 3 6
5 5 1 5 7 7 8 8 8 1 7 7 4 1 5 4 4 4 1 6
6 6 5 5 5 3 3 8 1 9 9 9 8 8 8 8 4 1 6 6
6 6 6 1 3 1 3 1 9 9 1 6 6 6 8 8 6 1 6 6
6 6 4 4 4 9 9 1 9 9 1 6 6 2 1 6 1 9 1
3 3 4 1 9 9 6 6 4 4 1 6 6 2 6 6 6 9 9
1 3 6 6 6 9 9 6 3 3 4 4 6 6 1 9 9 9 9 1
5 5 6 6 9 9 9 6 1 3 1 6 1 2 9 9 5 5 8 8
5 5 5 1 8 8 6 6 1 6 1 6 2 4 5 5 6 8 8
3 3 7 7 8 1 7 7 7 7 1 6 6 1 4 4 4 1 8 8
3 1 7 7 8 8 1 7 7 9 9 9 9 7 7 7 8 8 2
1 7 7 8 8 1 6 6 1 8 8 8 9 9 3 3 7 7 2
4 4 4 1 7 1 6 6 6 8 1 9 9 9 9 3 3 7 7
1 4 1 7 7 9 9 1 6 6 8 8 1 9 1 3 1 5 5 5
7 1 3 1 7 1 9 9 1 3 1 4 4 8 8 8 9 9 5 1
7 7 3 3 7 7 9 9 9 3 3 4 4 8 8 8 1 9 5 2
7 7 7 4 4 9 9 9 9 6 6 6 8 8 8 1 9 9 2
7 5 5 1 2 4 1 4 1 6 6 4 4 3 1 4 4 1 9 9
1 5 5 5 2 1 4 4 4 1 4 4 1 3 3 1 4 4 9 1
```

117 FILLOMINO

120 FILLOMINO

118 FILLOMINO

121 FILLOMINO

119 FILLOMINO

122 STARDOKU

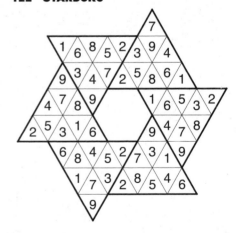

123 STARDOKU

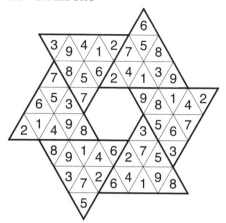

126 STARDOKU

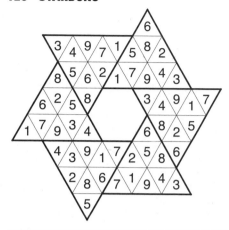

124 STARDOKU

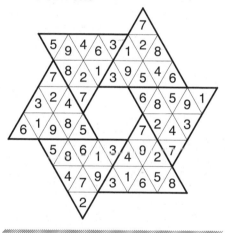

127 STARDOKU

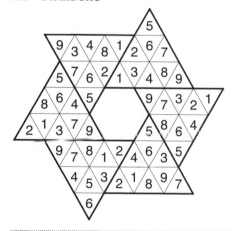

125 STARDOKU

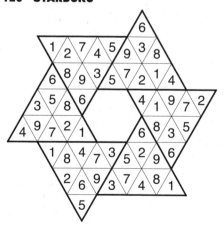

128 STARDOKU

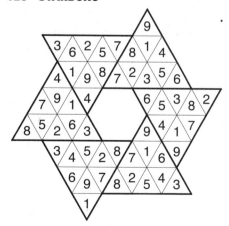

129 STARDOKU

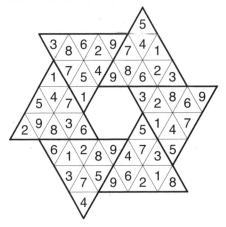

132 STARDOKU

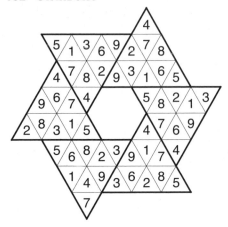

130 STARDOKU

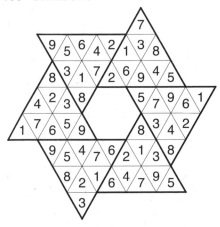

133 STARDOKU

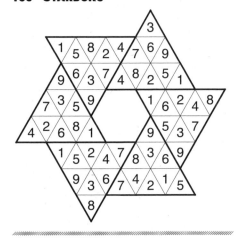

131 STARDOKU

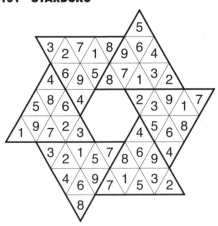

134 STARDOKU

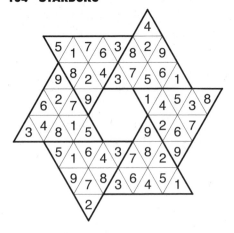

135 STARDOKU

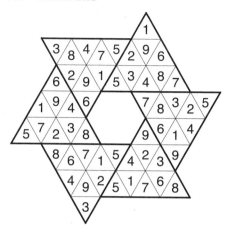

138 NUMBERLINK

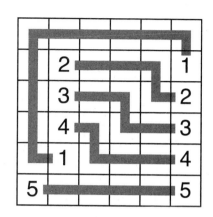

136 STARDOKU

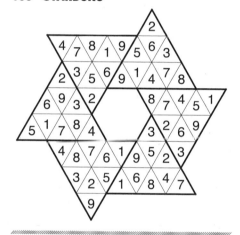

139 NUMBERLINK

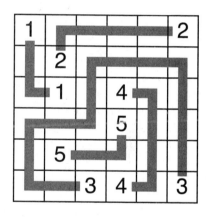

137 NUMBERLINK

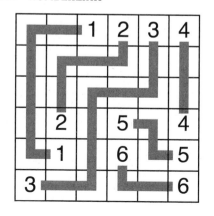

140 NUMBERLINK

141 NUMBERLINK

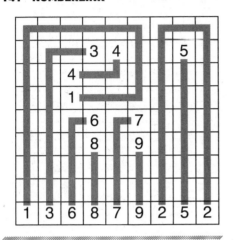

144 NUMBERLINK

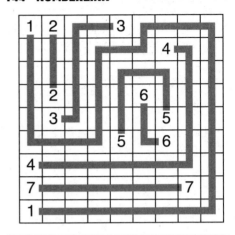

142 NUMBERLINK

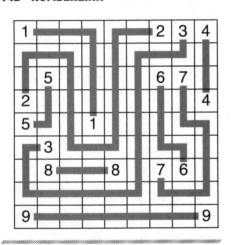

145 NUMBERLINK

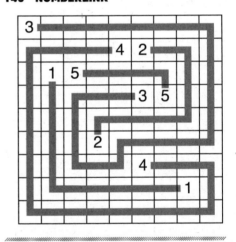

143 NUMBERLINK

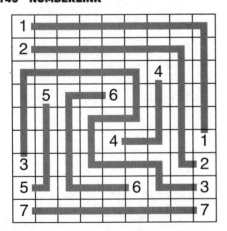

146 NUMBERLINK

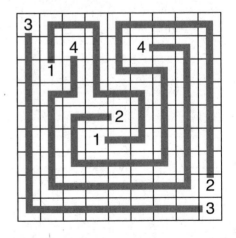

147 NUMBERLINK

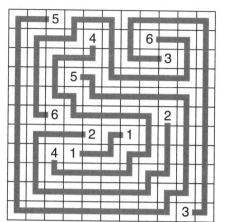

148 NUMBERLINK

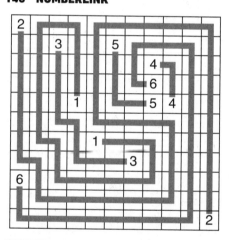

149 MATHDOKU

8	÷	2	−	4	=	0
×		+		+		
7	×	9	+	5	=	68
+		−		−		
6	÷	1	−	3	=	3
=		=		=		
62		10		6		

150 MATHDOKU

4	×	7	−	8	=	20
−		−		÷		
5	×	6	+	2	=	32
+		+		+		
9	×	3	+	1	=	28
=		=		=		
8		4		5		

151 MATHDOKU

6	÷	2	+	9	=	12
−		×		+		
1	×	3	+	5	=	8
+		+		+		
4	×	8	−	7	=	25
=		=		=		
9		14		21		

152 MATHDOKU

5	×	9	+	4	=	49
×		÷		×		
1	×	3	+	6	=	9
+		+		−		
7	+	8	−	2	=	13
=		=		=		
12		11		22		

153 MATHDOKU

8	×	1	+	6	=	14
×		+		+		
5	×	3	+	9	=	24
−		+		+		
7	−	4	−	2	=	1
=		=		=		
33		8		17		

156 MATHDOKU

7	−	6	+	4	=	5
−		+		×		
3	÷	1	+	8	=	11
+		+		−		
9	+	5	+	2	=	16
=		=		=		
13		12		30		

154 MATHDOKU

8	×	4	−	5	=	27
−		×		×		
3	×	9	+	7	=	34
+		−		−		
6	−	2	+	1	=	5
=		=		=		
11		34		34		

157 MATHDOKU

9	+	6	+	7	=	22
×		−		−		
5	+	2	−	3	=	4
−		−		−		
8	×	4	+	1	=	33
=		=		=		
37		0		3		

155 MATHDOKU

6	×	3	−	4	=	14
−		×		×		
2	×	8	+	9	=	25
+		−		−		
5	+	1	+	7	=	13
=		=		=		
9		23		29		

158 MATHDOKU

7	+	9	−	4	=	12
×		×		−		
2	×	6	−	5	=	7
−		−		+		
1	+	8	−	3	=	6
=		=		=		
13		46		2		

159 MATHDOKU

7	×	1	−	2	=	5
×		−		×		
5	×	4	+	3	=	23
+		+		+		
8	×	6	+	9	=	57
=		=		=		
43		3		15		

162 MATHDOKU

6	+	5	−	1	=	10
−		+		+		
4	−	3	+	9	=	10
+		−		+		
7	×	8	+	2	=	58
=		=		=		
9		0		12		

160 MATHDOKU

9	+	3	+	5	=	17
+		+		×		
1	×	8	−	2	=	6
+		+		+		
4	×	6	−	7	=	17
=		=		=		
14		17		17		

163 MATHDOKU

7	×	4	−	9	=	19
+		×		−		
3	+	6	+	8	=	17
+		+		−		
5	+	2	−	1	=	6
=		=		=		
15		26		0		

161 MATHDOKU

7	+	9	−	6	=	10
+		×		+		
8	÷	2	+	5	=	9
−		−		+		
3	−	4	+	1	=	0
=		=		=		
12		14		12		

164 MATHDOKU

4	+	9	+	8	=	21
×		×		+		
6	+	2	+	7	=	15
+		+		−		
5	−	1	−	3	=	1
=		=		=		
29		19		12		

165 MATHDOKU

3	+	8	+	6	=	17
+		+		−		
7	+	9	+	2	=	18
−		+		+		
4	+	1	−	5	=	0
=		=		=		
6		18		9		

168 MATHDOKU

7	+	2	+	4	=	13
+		+		−		
1	+	9	−	6	=	4
+		+		+		
5	−	8	+	3	=	0
=		=		=		
13		19		1		

166 MATHDOKU

1	−	2	+	6	=	5
+		−		+		
9	−	7	+	3	=	5
−		+		+		
5	+	8	+	4	=	17
=		=		=		
5		3		13		

169 HIDATO

58	57	56	54	52	47	45	44
59	63	55	53	51	48	46	43
60	62	64	12	50	49	42	40
61	2	13	14	11	10	39	41
3	1	7	15	9	38	35	34
4	6	16	8	37	36	33	31
5	17	21	23	25	26	32	30
18	19	20	22	24	27	28	29

167 MATHDOKU

3	+	5	−	8	=	0
+		+		×		
6	−	7	+	4	=	3
+		−		−		
9	+	2	+	1	=	12
=		=		=		
18		10		31		

170 HIDATO

29	30	32	33	34	37	38	39
28	31	59	60	36	35	41	40
27	58	57	61	62	43	42	46
26	55	56	63	64	44	45	47
24	25	54	53	52	49	48	15
4	23	21	51	50	17	16	14
3	5	22	20	19	18	10	13
2	1	6	7	8	9	12	11

171   HIDATO

9	14	15	16	32	31	30	29
8	10	13	17	33	21	27	28
7	11	12	34	18	20	22	26
6	5	37	35	19	40	23	25
4	1	36	38	39	41	42	24
3	2	59	56	57	50	49	43
64	60	55	58	51	48	44	45
63	62	61	54	53	52	47	46

174   HIDATO

15	20	21	22	26	27	28	29
16	14	19	25	23	62	63	30
13	17	18	55	24	64	61	31
12	11	10	54	56	60	33	32
5	7	9	53	59	57	34	36
4	6	8	52	49	58	37	35
3	1	47	48	51	50	40	38
2	46	45	44	43	42	41	39

172   HIDATO

51	49	37	36	35	33	32	62
50	52	48	38	34	31	63	61
45	47	53	39	30	57	64	60
46	44	40	54	29	56	58	59
43	41	2	14	55	28	26	24
42	3	13	1	15	27	25	23
7	5	4	12	16	17	20	22
6	8	9	10	11	19	18	21

175   HIDATO

12	13	14	8	7	26	27	28
11	10	9	15	6	17	25	29
37	38	35	5	16	18	24	30
39	36	4	34	33	19	31	23
40	48	3	50	1	32	20	22
47	41	49	2	51	52	53	21
46	43	42	62	59	58	57	54
45	44	64	63	61	60	56	55

173   HIDATO

50	52	48	24	23	19	18	17
51	49	53	47	25	22	20	16
55	54	27	26	46	21	14	15
56	28	62	63	44	45	1	13
29	57	64	61	60	43	2	12
35	30	58	59	40	42	11	3
34	36	31	39	41	10	7	4
33	32	37	38	9	8	5	6

176   HIDATO

24	25	27	29	48	49	53	54
23	26	30	28	47	50	52	55
22	31	32	1	46	51	56	57
21	33	64	45	2	3	4	58
20	18	34	63	44	61	59	5
19	35	17	43	62	60	7	6
36	39	42	16	14	12	10	8
38	37	40	41	15	13	11	9

177 HIDATO

39	40	33	32	30	29	27	26
38	41	36	34	31	22	28	25
44	37	42	35	21	23	24	17
45	43	47	48	20	56	18	16
64	46	49	58	57	19	55	15
63	1	59	50	51	52	54	14
2	62	61	60	7	53	10	13
3	4	5	6	8	9	11	12

178 HIDATO

60	62	63	51	50	48	47	45
59	61	64	15	52	49	46	44
58	55	14	53	16	17	42	43
57	56	54	13	18	41	39	38
9	8	11	12	24	19	40	37
7	10	26	25	23	22	20	36
5	6	1	27	28	21	33	35
4	3	2	29	30	31	32	34

179 HIDATO

88	87	85	84	81	80	79	78	76
89	86	17	83	82	67	68	75	77
90	16	14	18	65	66	69	71	74
91	13	15	98	19	64	70	72	73
12	92	97	95	99	20	63	62	61
11	93	94	96	22	21	57	59	60
9	10	27	23	37	36	58	56	55
8	26	24	28	38	35	40	54	42
7	6	25	29	34	39	53	41	43
3	5	31	30	33	52	48	44	45
4	2	1	32	51	50	49	47	46

180 HIDATO

90	89	88	43	44	41	40	35	34
93	91	87	45	42	39	36	33	55
92	94	86	46	38	37	32	56	54
97	85	95	49	47	31	30	53	57
98	96	84	48	50	29	52	59	58
99	83	82	26	28	51	60	61	63
72	80	81	27	25	66	65	64	62
73	71	79	69	67	24	13	12	15
74	78	70	68	23	22	11	14	16
77	75	3	5	7	10	21	17	19
76	2	1	4	6	8	9	20	18

181 HIDATO

34	32	17	16	15	21	13	12	11
33	35	31	18	20	14	22	10	8
40	38	36	30	19	23	24	7	9
39	41	37	29	28	27	6	25	4
99	95	42	43	44	45	26	5	3
96	98	94	67	68	64	46	47	2
97	93	92	66	65	69	63	1	48
86	84	88	91	90	71	70	62	49
85	87	83	89	74	72	55	50	61
81	82	78	75	73	56	54	60	51
80	79	76	77	57	58	59	53	52

182 HIDATO

73	75	80	79	82	3	2	5	6
74	72	76	81	78	83	4	1	7
69	70	71	77	54	51	84	9	8
68	67	66	55	52	53	50	85	10
58	57	56	65	98	99	49	11	86
60	59	64	95	46	97	48	87	12
61	63	94	45	96	47	88	13	15
62	93	44	91	30	89	28	16	14
42	43	92	31	90	29	17	27	26
41	39	38	33	32	18	20	21	25
40	37	36	35	34	19	22	23	24

183 HIDATO

74	75	76	64	63	62	56	55	54
73	72	77	65	59	61	57	48	53
71	70	66	78	60	58	47	52	49
69	67	79	37	38	40	46	50	51
68	81	80	36	39	41	44	45	1
85	84	82	35	34	33	42	43	2
86	87	83	31	32	22	21	4	3
90	91	88	30	23	20	19	5	7
92	89	29	24	16	15	18	8	6
93	96	98	28	25	17	14	13	9
94	95	97	99	27	26	12	11	10

184 HIDATO

30	28	27	26	25	23	22	20	19
29	31	34	36	37	24	21	18	16
32	33	35	38	39	40	41	17	15
48	47	46	44	43	42	9	14	13
49	52	51	45	64	1	8	10	12
53	50	60	63	65	66	2	7	11
54	57	59	61	62	67	3	5	6
56	55	58	70	69	68	4	97	96
75	74	73	72	71	87	98	95	94
76	78	82	81	86	88	89	99	93
77	79	80	83	84	85	90	91	92

185 HIDATO

30	33	32	40	41	49	48	47	46
29	31	34	39	50	42	44	45	62
28	35	38	37	51	43	60	61	63
27	25	36	52	58	59	67	66	64
24	26	53	57	71	68	74	76	65
23	54	56	70	69	72	73	75	77
22	20	55	4	99	96	97	79	78
19	21	6	5	3	98	95	80	81
17	18	7	2	1	94	87	88	82
14	16	12	8	92	93	89	86	83
15	13	11	10	9	91	90	85	84

186 HIDATO

39	41	42	44	45	25	26	17	15
38	40	43	46	24	27	18	14	16
35	37	47	29	28	23	19	13	11
36	34	30	48	22	4	20	12	10
33	31	1	49	3	21	5	9	7
32	51	50	2	99	98	97	6	8
54	56	52	58	89	90	91	96	95
55	53	57	88	59	60	68	92	94
82	81	87	75	70	69	61	67	93
83	86	80	76	74	71	66	62	63
85	84	79	78	77	73	72	65	64

187 HIDATO

98	96	13	12	15	16	18	6	5
97	99	95	14	11	19	17	4	7
93	94	88	83	20	10	9	8	3
92	89	84	87	82	21	22	23	2
91	90	86	85	81	80	79	1	24
72	74	75	76	68	78	66	64	25
73	71	70	69	77	67	65	63	26
56	54	53	52	60	50	62	48	27
55	57	58	59	51	61	49	47	28
39	38	37	36	44	34	46	30	29
40	41	42	43	35	45	33	32	31

188 HIDATO

47	46	90	89	86	87	82	81	80
45	48	91	93	88	85	83	79	78
44	49	92	94	97	98	84	36	77
43	42	50	96	95	99	37	76	35
52	51	41	40	39	38	75	34	32
53	57	58	60	70	73	74	33	31
54	56	59	61	69	71	72	29	30
55	15	17	18	62	68	67	65	28
10	16	14	13	19	63	64	66	27
9	11	12	5	1	20	23	22	26
8	7	6	4	3	2	21	24	25

189 HIDATO

26	24	22	37	38	41	40	9	10
25	27	23	21	36	39	42	8	11
30	32	28	35	20	43	14	7	12
31	29	33	34	44	19	15	13	6
87	89	90	91	46	45	18	16	5
88	86	85	84	92	47	17	2	4
98	96	94	93	83	82	48	1	3
97	99	95	80	81	67	53	49	51
73	72	79	70	68	66	54	52	50
74	78	71	69	58	55	65	61	63
75	76	77	57	56	59	60	64	62

192 HIDATO

1	51	50	49	48	47	44	43	37
52	2	4	6	46	45	42	36	38
53	54	3	5	7	29	35	41	39
55	84	85	27	28	8	30	34	40
83	56	86	87	26	10	9	31	33
82	57	58	99	88	25	11	23	32
81	71	60	59	98	89	24	12	22
72	80	70	61	90	97	20	21	13
79	73	69	63	62	91	96	19	14
78	74	68	65	64	95	92	15	18
77	76	75	67	66	94	93	16	17

190 HIDATO

63	62	61	59	58	56	44	45	46
64	65	67	60	57	55	54	43	47
98	66	68	70	51	52	53	48	42
99	97	76	69	71	50	49	40	41
96	77	75	74	73	72	37	38	39
78	95	94	93	17	15	36	35	34
82	79	80	92	16	18	14	30	33
83	81	91	20	19	13	29	32	31
84	85	21	90	12	27	28	2	1
86	22	89	11	25	26	8	6	3
87	88	23	24	10	9	7	5	4

193 HIDATO

37	36	33	34	31	30	61	60	59
39	38	35	32	29	54	56	62	58
40	41	45	28	53	26	55	57	63
42	44	46	52	27	25	3	2	64
43	47	51	6	24	4	87	65	1
48	50	7	23	5	90	88	86	66
49	10	22	8	91	89	85	68	67
11	21	9	99	92	84	77	70	69
12	18	20	93	98	83	78	76	71
13	17	19	97	94	79	82	75	72
14	15	16	96	95	81	80	74	73

191 HIDATO

50	48	45	46	1	2	41	40	39
49	51	47	44	98	42	3	37	38
52	54	55	97	43	99	36	4	6
53	77	96	56	58	35	11	7	5
78	95	76	59	57	34	12	10	8
94	79	75	61	60	33	31	13	9
80	93	74	63	62	32	30	15	14
92	81	73	71	64	29	19	18	16
91	82	72	65	70	28	21	20	17
90	87	83	85	66	69	27	22	24
89	88	86	84	68	67	26	25	23

194 HIDATO

12	4	3	63	62	61	60	67	68
13	11	5	2	64	65	66	59	69
20	14	10	6	1	54	56	70	58
21	19	15	9	7	55	53	57	71
22	18	17	16	8	52	91	72	73
23	25	26	27	51	92	96	90	74
24	34	28	50	93	95	97	89	75
33	29	35	47	49	94	98	88	76
32	30	46	36	48	99	87	83	77
31	45	42	40	37	86	84	82	78
44	43	41	38	39	85	81	80	79

195 HIDATO

12	13	14	15	18	19	21	22	23
11	7	8	17	16	20	28	24	25
6	10	9	98	97	30	29	27	26
5	3	2	99	96	95	31	35	36
4	88	1	90	92	94	32	34	37
86	87	89	91	93	79	33	39	38
64	85	83	82	78	80	40	41	43
65	63	84	61	81	77	51	44	42
66	68	62	60	76	53	52	50	45
69	67	73	75	59	58	54	49	46
70	71	72	74	57	56	55	47	48

198 HIDATO

67	66	85	86	87	88	90	92	93
68	64	65	84	82	89	91	96	94
63	69	71	73	83	81	80	95	97
57	62	70	72	74	77	78	79	98
56	58	61	60	1	75	76	12	99
55	54	59	50	2	3	4	11	13
53	52	51	49	7	6	5	10	14
44	45	48	47	31	8	9	15	16
43	41	46	33	32	30	23	18	17
40	42	34	36	28	29	24	22	19
39	38	37	35	27	26	25	21	20

196 HIDATO

21	20	23	24	79	80	81	83	84
19	22	25	76	77	78	96	82	85
18	26	75	74	73	95	98	97	86
17	28	27	71	72	94	99	87	88
16	30	29	65	70	69	93	92	89
13	15	31	64	66	67	68	91	90
14	12	33	32	63	61	58	57	56
11	10	34	35	62	51	60	59	55
9	8	4	36	48	50	52	53	54
7	5	3	37	49	47	46	45	43
6	2	1	38	39	40	41	42	44

199 HIDATO

10	11	12	13	82	83	85	91	92
7	9	14	16	81	84	86	93	90
8	6	15	17	80	79	94	87	89
5	3	18	19	78	95	97	98	88
2	4	20	77	75	73	96	68	99
1	21	22	76	74	72	71	69	67
27	26	25	23	58	60	70	66	65
28	30	24	57	59	53	61	62	64
31	29	56	55	54	42	52	50	63
32	36	35	40	41	43	51	47	49
33	34	37	38	39	44	45	46	48

197 HIDATO

94	92	91	99	60	59	57	56	42
95	93	98	90	61	58	55	43	41
96	97	88	89	64	62	54	40	44
81	83	86	87	63	65	53	39	45
82	80	84	85	66	52	49	38	46
76	78	79	67	51	50	37	48	47
77	75	74	68	18	17	33	36	35
71	73	69	19	14	32	16	34	26
72	70	1	13	20	15	31	25	27
4	2	6	9	12	21	24	30	28
3	5	8	7	10	11	22	23	29

200 HIDATO

44	46	47	1	61	62	65	64	94
43	45	48	60	2	66	63	95	93
57	42	59	49	3	67	91	92	96
56	58	41	50	4	68	90	99	97
55	40	51	12	11	5	69	89	98
54	52	39	13	6	10	88	70	72
53	38	32	14	9	7	87	73	71
37	33	15	31	8	86	83	76	74
36	34	30	16	85	84	82	77	75
35	29	25	24	17	21	20	81	78
28	27	26	23	22	18	19	80	79

201 HIDATO

37	38	39	33	31	16	18	19	20
36	40	34	32	30	15	17	22	21
41	35	66	65	29	28	14	24	23
43	42	64	67	68	13	27	26	25
44	45	59	63	12	69	70	74	73
46	48	58	60	62	11	75	71	72
47	49	57	61	10	8	77	76	80
50	56	3	1	7	9	78	79	81
51	55	2	4	5	6	89	83	82
52	54	99	95	94	92	90	88	84
53	98	97	96	93	91	87	86	85

202 HIDATO

55	56	58	60	64	65	67	68	70
54	57	59	63	61	66	77	71	69
53	52	51	62	80	79	78	76	72
42	48	49	50	81	97	98	73	75
43	41	47	82	83	96	99	74	93
44	46	40	84	86	88	95	94	92
45	37	39	85	87	22	89	90	91
33	36	38	24	23	21	20	17	18
32	34	35	25	2	9	8	19	16
30	31	26	3	1	10	7	14	15
29	28	27	4	5	6	11	12	13

203 HIDATO

72	71	74	76	77	80	93	92	91
70	73	75	78	79	94	81	90	89
69	67	66	48	49	96	95	82	88
68	65	46	47	97	50	83	87	86
64	45	40	41	98	99	51	84	85
63	44	42	39	55	52	53	2	3
61	62	43	56	38	54	1	4	5
60	59	58	57	37	19	9	8	6
27	26	25	35	36	20	18	10	7
28	30	34	24	23	21	17	14	11
29	31	32	33	22	16	15	12	13

204 CALCUDOKU

1- 2	2- 1	3	4x 4
3	2÷ 2	4	1
7+ 4	3	2÷ 1	2
4x 1	4	5+ 2	3

205 CALCUDOKU

1- 4	3	16x 1	2÷ 2
2- 3	2	4	1
1	8x 4	2	10+ 3
2	1	3	4

206 CALCUDOKU

5+ 1	4	6x 2	1- 3
2÷ 2	1	3	4
4	18x 3	2÷ 1	2
3	2	5+ 4	1

207 CALCUDOKU

3÷ 2	2- 4	6	5x 1	12+ 5	3÷ 3
6	6x 3	2	5	4	1
1- 5	6	5+ 1	4	3	10x 2
4x 4	3÷ 1	3	5+ 2	12x 6	5
1	9+ 5	4	3	2	2- 6
1- 3	2	1- 5	6	1	4

210 CALCUDOKU

2÷ 6	6+ 1	80x 4	5	2÷ 2	5+ 3
3	5	4- 6	4	1	2
3- 1	4	2	2÷ 3	6	150x 5
7+ 4	3	12x 1	2	5	6
30x 5	2	3	6	3- 4	1
3÷ 2	6	6+ 5	1	3	1- 4

208 CALCUDOKU

180x 6	3÷ 1	3	8+ 5	2÷ 4	2
5	6	2	1	9+ 3	12x 4
2x 1	2	15+ 5	4	6	3
5+ 3	1- 4	6	3- 2	5	1
2	3	24x 4	6	4- 1	5
1- 4	5	3÷ 1	3	3÷ 2	6

211 CALCUDOKU

3÷ 1	10x 2	12x 4	3	1- 5	6
3	1	40x 5	4	3÷ 6	2
3÷ 6	5	2	1	1- 3	4
2	7+ 4	3	1- 6	2÷ 1	8+ 5
9+ 4	7+ 6	1	5	2	3
5	36x 3	6	2	3- 4	1

209 CALCUDOKU

2- 6	6+ 5	10+ 2	1	3	4
4	1	30x 5	2÷ 3	8x 2	3÷ 6
2- 5	5+ 3	1	6	4	2
3	2	6	2÷ 4	6+ 5	1
2÷ 1	24x 4	1- 3	2	30x 6	2- 5
2	6	4	5	1	3

212 CALCUDOKU

3- 3	1- 5	6x 2	1	2- 4	6
6	4	8+ 5	3	2÷ 2	1
3÷ 2	6	3	300x 5	3- 1	4
8+ 1	8+ 2	6	4	5	3
4	3	4x 1	8+ 2	6	10x 5
4- 5	1	4	2÷ 6	3	2

213 CALCUDOKU

4- 5	1	8+ 3	12x 4	12x 2	6
72x 4	3÷ 6	5	3	1	10x 2
3	2	2- 4	6	5	1
6	5x 5	1	8+ 2	7+ 3	4
3- 1	4	8+ 2	5	2÷ 6	3
1- 2	3	6	1	1- 4	5

216 CALCUDOKU

45x 3	1- 4	5	6x 6	1	5- 7	2
5	3	7x 7	1	1- 6	2+ 2	4
8+ 2	6	7+ 1	40x 4	5	7+ 3	2- 7
3- 1	8+ 7	6	2	21x 3	4	5
4	1	9+ 2	5	7	2+ 6	3
1- 6	7+ 2	3	4- 7	20x 4	5	6x 1
7	5	4	3	2+ 2	1	6

214 CALCUDOKU

3÷ 3	9+ 4	2÷ 6	8+ 2	5	1
1	5	3	24x 4	6	5+ 2
6+ 4	2	3- 5	6x 6	1	3
2- 5	3	2	1	2- 4	6
3÷ 2	6	12x 1	60x 5	3	4
6x 6	1	4	3	3- 2	5

217 CALCUDOKU

1- 6	30x 1	6x 2	3	11+ 7	2÷ 4	90x 5
7	6	5	8+ 1	4	2	3
4- 1	5	3- 4	7	6x 2	3	6
12x 3	4	7	1- 5	11+ 6	2+ 1	2
2	3	2+ 6	4	5	8+ 7	1
1- 5	5- 7	3	2+ 2	1	17+ 6	4
4	2	6x 1	6	8+ 3	5	7

215 CALCUDOKU

5- 1	7+ 5	56x 7	2	4	2+ 3	6
6	2	8+ 3	2- 5	7	3- 1	4
42x 2	3	5	10+ 4	6	7x 7	1
7	24x 4	6	1	7+ 2	5	1- 3
3- 4	7	3+ 1	3	11+ 5	6	2
90x 3	6	2+ 2	42x 7	3+ 1	9+ 4	5
5	1	4	6	3	5- 2	7

218 CALCUDOKU

11+ 7	4	1- 5	15x 3	1	3+ 6	1- 2
8+ 1	7	6	1- 4	5	2	3
90x 6	3	2÷ 1	5	12+ 2	11+ 4	7
48x 4	5	2	7	3	6x 1	6
2	6	1- 3	6x 1	3- 4	2- 7	4- 5
8+ 3	2+ 2	4	6	7	5	1
5	1	9+ 7	2	72x 6	3	4

219 CALCUDOKU

6	3	4	7	5	1	2
5	7	1	2	4	3	6
3	5	6	4	1	2	7
4	2	5	3	6	7	1
2	1	7	5	3	6	4
1	4	2	6	7	5	3
7	6	3	1	2	4	5

220 CALCUDOKU

6	5	1	4	7	3	2
2	3	6	7	5	1	4
3	1	2	5	6	4	7
4	2	5	3	1	7	6
1	7	4	6	2	5	3
5	4	7	2	3	6	1
7	6	3	1	4	2	5

221 CALCUDOKU

6	4	3	5	2	7	1
4	5	1	7	3	6	2
2	7	4	3	6	1	5
5	1	7	6	4	2	3
1	2	6	4	5	3	7
3	6	2	1	7	5	4
7	3	5	2	1	4	6

222 CALCUDOKU

2	7	5	6	1	4	3
5	3	6	7	4	2	1
7	5	2	3	6	1	4
3	6	4	1	5	7	2
4	1	3	2	7	6	5
6	2	1	4	3	5	7
1	4	7	5	2	3	6

223 CALCUDOKU

1	7	2	5	4	3	6
4	2	6	7	1	5	3
6	5	1	3	2	4	7
7	3	5	1	6	2	4
5	4	3	2	7	6	1
3	1	4	6	5	7	2
2	6	7	4	3	1	5

224 CALCUDOKU

6	8	4	1	2	5	9	3	7
4	6	1	3	9	7	2	5	8
1	4	5	9	8	6	3	7	2
8	1	2	6	5	3	7	4	9
2	3	9	5	7	1	6	8	4
9	5	6	7	3	8	4	2	1
7	2	8	4	6	9	5	1	3
3	9	7	2	1	4	8	6	5
5	7	3	8	4	2	1	9	6

225 CALCUDOKU

4+ 8	20+ 9	4+ 4	1	441x 7	2+ 3	7+ 5	2	2- 6
2	3	8	7	9	6	4+ 1	45x 5	4
4- 3	7	12x 1	2	6	1440x 5	4	9	15+ 8
11+ 6	2+ 1	35x 5	8	4	9	1- 2	3	7
5	2	7	54x 9	1	11+ 4	192x 6	8	3+ 3
16+ 9	5	2	6	5- 3	7	20+ 8	4	1
11+ 1	4	6	60x 3	8	6- 2	9	35x 7	5
25+ 7	6	3+ 9	4	3- 5	8	3	1	7- 2
4	8	3	5	2	6- 1	7	6	9

228 CALCUDOKU

8+ 5	3	2- 6	2+ 4	2	10x 1	18+ 9	7	8
9+ 8	315x 5	4	252x 7	9	2	3	3+ 6	3+ 1
1	7	9	11+ 8	4	5	6	2	3
3+ 6	2	24x 8	3	4+ 1	4	9+ 7	9x 9	9+ 5
5- 7	1- 9	3	3- 5	8	90x 6	2	1	4
2	8	504x 7	9	5	3	5+ 1	4	1- 6
16+ 9	4	2	7+ 1	6	40x 8	5	3	24x 7
3	1	5	6	7	36x 9	4	8	7- 2
4	6	2+ 1	2	3	20+ 7	8	5	9

226 CALCUDOKU

42x 7	2+ 2	3- 4	18x 6	4- 1	5	11+ 8	3	3+ 9
6	4	7	1	8	9	3- 5	2	3
10+ 1	5	4- 9	3	9+ 7	3+ 6	2	8	11+ 4
4	63x 1	5	216x 8	2	3+ 3	2- 6	9	7
4+ 8	7	6x 6	9	3	1	4	3- 5	2
2	9	1	30x 5	6	56x 7	3+ 3	4+ 4	13+ 8
12+ 3	2- 6	9+ 2	7	20x 4	8	9	1	5
9	8	24x 3	2+ 2	5	4+ 4	1	13+ 7	5- 6
15x 5	3	8	4	18+ 9	2	7	6	1

229 CALCUDOKU

105x 5	6x 6	1	2+ 8	5- 4	9	42x 2	7	3
7	3	5	4	9	48x 8	6	2+ 1	3- 2
24x 6	6- 1	4	10+ 9	8	63x 3	7	2	5
4	7	10+ 2	1	1- 5	6	3	1- 8	9
1	3- 5	8	5- 2	10+ 3	7	324x 4	9	24x 6
14+ 2	8	3+ 3	7	42x 1	5	6+ 9	24x 6	4
3	2+ 2	9	8+ 5	6	1	11+ 8	4	1- 7
9	4	13+ 6	3	7	2	1	9+ 5	8
1- 8	9	7	3+ 6	2	4	5	3	1

227 CALCUDOKU

16x 1	4	15x 3	5	15+ 7	8	1- 9	3+ 6	2
4	10x 5	1- 7	108x 1	3	30x 6	8	11+ 2	9
13+ 7	2	8	4	9	5	22+ 3	6x 1	6
6	6- 1	4+ 4	5+ 2	48x 8	3	7	9	1- 5
4+ 2	7	1	3	6	14+ 9	5	24x 8	4
8	14+ 6	7- 2	9	20x 5	7+ 4	1	3	147x 7
4- 5	8	3- 9	2- 6	4	12+ 1	2	7	3
9	15+ 3	6	8	2+ 2	7	4	4- 5	1
3	9	2- 5	7	1	3+ 2	6	2+ 4	8

230 CALCUDOKU

6- 7	8+ 5	3	486x 9	6x 6	1	2+ 8	64x 4	2
1	3- 7	9	6	2- 5	3	4	6x 2	8
4- 5	4	4+ 2	4+ 1	1- 7	8	10+ 9	3	1- 6
9	12x 6	8	4	6x 3	2	1	13+ 5	7
2+ 4	2	2+ 6	3	10x 1	35x 7	5	8	3+ 9
8	10+ 9	1	5	2	4	2+ 6	13+ 7	3
1- 2	4+ 1	4	15+ 7	8	9	3	6	20x 5
3	17+ 8	12+ 5	18x 2	9	11+ 6	8+ 7	1	4
6	3	7	4- 8	4	5	7- 2	9	1

231 CALCUDOKU

7	8	9	5	3	4	2	1	6
1	2	8	3	6	5	9	4	7
5	6	7	2	4	8	3	9	1
4	3	1	8	5	2	7	6	9
8	5	4	9	7	1	6	3	2
3	1	5	7	9	6	8	2	4
9	4	3	6	2	7	1	5	8
6	7	2	4	1	9	5	8	3
2	9	6	1	8	3	4	7	5

232 CALCUDOKU

3	9	2	4	1	6	8	7	5
2	7	4	9	3	5	1	8	6
5	8	1	2	6	4	3	9	7
7	5	3	6	2	8	4	1	9
8	6	5	7	4	3	9	2	1
9	3	6	1	8	2	7	5	4
1	4	7	8	5	9	6	3	2
4	2	9	3	7	1	5	6	8
6	1	8	5	9	7	2	4	3

233 CALCUDOKU

1	3	6	2	5	8	9	7	4
4	9	1	8	7	5	3	2	6
2	6	7	3	8	1	4	9	5
7	2	8	5	1	4	6	3	9
5	4	2	6	9	3	1	8	7
3	7	9	1	4	6	2	5	8
6	5	4	7	3	9	8	1	2
9	8	3	4	2	7	5	6	1
8	1	5	9	6	2	7	4	3

234 MATHRAX

4	3	6	5	1	2
5	6	1	4	2	3
2	5	3	6	4	1
6	4	2	1	3	5
1	2	5	3	6	4
3	1	4	2	5	6

235 MATHRAX

4	2	3	5	1	6
2	6	4	3	5	1
5	4	1	2	6	3
3	5	6	1	4	2
1	3	5	6	2	4
6	1	2	4	3	5

236 MATHRAX

4	1	6	5	3	2
6	4	2	1	5	3
5	6	3	4	2	1
3	5	4	2	1	6
2	3	1	6	4	5
1	2	5	3	6	4

237 MATHRAX

2	4	6	3	5	1
3	6	1	2	4	5
5	3	4	1	6	2
1	5	2	4	3	6
4	1	5	6	2	3
6	2	3	5	1	4

Clue circles: 2−, O, 1−, 7+, 2−

238 MATHRAX

3	1	6	4	7	5	9	8	2
5	4	2	6	3	7	1	9	8
4	7	9	5	2	1	8	3	6
2	8	5	1	9	4	6	7	3
8	6	3	2	5	9	7	1	4
9	5	4	7	8	2	3	6	1
6	2	7	8	1	3	5	4	9
1	9	8	3	4	6	2	5	7
7	3	1	9	6	8	4	2	5

Clue circles: O, 5−, 3−, 8+, 11+, 3−, 11+, 2−, 3−, 1−, E

239 MATHRAX

8	2	1	3	6	7	5	4	9
4	9	7	6	5	3	2	1	8
5	8	6	1	2	9	7	3	4
9	6	3	4	8	5	1	2	7
6	1	4	5	9	2	8	7	3
3	4	8	2	7	1	9	6	5
1	7	5	9	4	6	3	8	2
7	5	2	8	3	4	6	9	1
2	3	9	7	1	8	4	5	6

Clue circles: 6+, 4−, 2−, O, 8+, 6−, 7−, 2−, 1−, 2−, O, E

240 MATHRAX

7	2	8	1	4	3	5	9	6
2	3	7	5	8	9	4	6	1
8	4	3	2	1	5	6	7	9
1	8	6	9	3	7	2	5	4
4	1	5	6	7	2	9	8	3
6	7	4	8	9	1	3	2	5
9	6	1	4	5	8	7	3	2
5	9	2	3	6	4	8	1	7
3	5	9	7	2	6	1	4	8

Clue circles: 5−, 9+, 24−, O, 15+, 11+, 2−, 2−, E

241 MATHRAX

7	3	2	5	6	4	1	8	9
6	7	1	3	4	8	2	9	5
4	1	7	6	5	9	3	2	8
5	6	9	2	3	1	8	7	4
3	8	4	9	1	5	7	6	2
9	2	6	4	8	3	5	1	7
8	9	3	1	7	2	4	5	6
1	5	8	7	2	6	9	4	3
2	4	5	8	9	7	6	3	1

Clue circles: 9+, 8−, O, 2−, 13+, 11+, 3−, 10+, 3−, 1−, 2−, 7+, 10+, 2−

242 MATHRAX

6	8	9	1	2	4	5	3	7
1	2	4	5	3	7	6	9	8
7	4	8	3	9	1	2	5	6
9	3	1	6	5	2	7	8	4
4	5	7	2	8	6	3	1	9
2	9	3	7	6	8	1	4	5
8	6	5	9	7	3	4	2	1
3	1	6	8	4	5	9	7	2
5	7	2	4	1	9	8	6	3

Clue circles: 2−, 16−, 5−, 4−, O, 5−, 3−, 9+, 3−, 4−

243 MATHRAX

3	9	1	8	2	5	6	4	7
2	3	7	4	1	8	9	6	5
8	4	6	5	7	3	2	1	9
1	7	8	9	3	2	4	5	6
5	6	3	2	4	7	8	9	1
6	1	5	3	9	4	7	2	8
9	8	4	7	6	1	5	3	2
4	5	2	6	8	9	1	7	3
7	2	9	1	5	6	3	8	4

244 MATHRAX

7	3	5	2	9	4	8	6	1
9	8	3	4	5	1	6	7	2
4	1	8	7	3	2	5	9	6
8	9	2	3	7	6	1	5	4
3	7	4	6	1	8	9	2	5
5	6	9	8	4	3	2	1	7
2	4	7	1	6	5	3	8	9
1	2	6	5	8	9	7	4	3
6	5	1	9	2	7	4	3	8

245 MATHRAX

3	2	8	7	1	6	4	9	5
6	8	7	5	4	9	3	2	1
8	9	5	6	7	1	2	3	4
1	5	9	3	6	4	8	7	2
4	7	6	8	3	2	1	5	9
9	3	1	2	5	8	7	4	6
2	6	4	1	9	7	5	8	3
7	1	3	4	2	5	9	6	8
5	4	2	9	8	3	6	1	7

246 MATHRAX

7	2	6	1	3	8	5	9	4
4	6	8	7	1	9	2	3	5
9	4	2	3	8	1	7	5	6
3	8	5	4	9	2	1	6	7
6	9	1	2	4	5	8	7	3
1	5	7	8	6	3	9	4	2
5	7	4	9	2	6	3	1	8
8	1	3	6	5	7	4	2	9
2	3	9	5	7	4	6	8	1

247 MATHRAX

6	2	7	8	1	5	9	3	4
9	3	1	5	2	4	8	6	7
3	8	2	9	6	7	1	4	5
2	6	9	3	5	1	4	7	8
4	5	8	6	7	2	3	9	1
5	9	3	2	4	8	7	1	6
1	4	6	7	8	9	2	5	3
7	1	5	4	9	3	6	8	2
8	7	4	1	3	6	5	2	9

248 MATHRAX

8	2	5	3	4	7	6	9	1
7	5	4	8	1	2	9	6	3
3	9	1	5	8	6	2	7	4
1	8	9	6	7	4	3	5	2
5	1	6	7	3	8	4	2	9
9	7	8	1	2	3	5	4	6
2	6	3	4	9	5	8	1	7
4	3	2	9	6	1	7	8	5
6	4	7	2	5	9	1	3	8

249 ODDS AND EVENS

7	4	5	6	3	2	1
1	6	3	7	2	5	4
4	3	2	5	1	6	7
3	7	6	4	5	1	2
2	1	4	3	6	7	5
5	2	7	1	4	3	6
6	5	1	2	7	4	3

252 ODDS AND EVENS

6	1	2	7	4	3	5
1	3	4	5	2	7	6
5	6	7	4	1	2	3
7	2	1	3	6	5	4
4	7	3	2	5	6	1
3	4	5	6	7	1	2
2	5	6	1	3	4	7

250 ODDS AND EVENS

6	7	4	3	2	1	5
3	2	5	1	4	7	6
4	3	6	5	1	2	7
5	1	2	7	6	3	4
7	6	3	2	5	4	1
1	4	7	6	3	5	2
2	5	1	4	7	6	3

253 ODDS AND EVENS

6	3	1	4	5	2	7
3	5	4	1	2	7	6
4	7	2	5	3	6	1
7	2	5	3	6	1	4
2	1	6	7	4	5	3
5	4	7	6	1	3	2
1	6	3	2	7	4	5

251 ODDS AND EVENS

4	7	6	3	2	1	5
5	4	3	1	6	7	2
7	6	4	5	3	2	1
3	1	2	6	7	5	4
6	3	1	2	5	4	7
1	2	5	7	4	3	6
2	5	7	4	1	6	3

254 ODDS AND EVENS

4	3	5	2	1	6	7
3	1	4	5	2	7	6
2	7	6	1	4	5	3
7	4	1	6	5	3	2
6	5	2	7	3	4	1
5	2	7	3	6	1	4
1	6	3	4	7	2	5

255 ODDS AND EVENS

2	5	4	1	6	3	7
7	3	6	5	2	1	4
4	7	3	6	1	2	5
5	4	1	2	3	7	6
3	2	5	4	7	6	1
1	6	7	3	4	5	2
6	1	2	7	5	4	3

258 ODDS AND EVENS

7	4	5	2	6	3	1
1	2	7	3	4	5	6
4	5	2	7	1	6	3
5	7	6	4	3	1	2
2	1	3	6	7	4	5
3	6	1	5	2	7	4
6	3	4	1	5	2	7

256 ODDS AND EVENS

2	7	6	5	1	4	3
1	5	2	3	4	7	6
3	4	7	2	5	6	1
7	2	3	1	6	5	4
4	1	5	6	3	2	7
5	6	1	4	7	3	2
6	3	4	7	2	1	5

259 ODDS AND EVENS

8	1	2	9	6	5	4	7	3
1	4	7	6	9	3	2	5	8
4	3	9	2	5	6	7	8	1
3	5	8	1	2	7	6	9	4
6	7	5	8	3	2	1	4	9
9	6	3	7	8	4	5	1	2
7	8	6	3	4	1	9	2	5
5	2	1	4	7	9	8	3	6
2	9	4	5	1	8	3	6	7

257 ODDS AND EVENS

4	7	2	1	3	6	5
7	6	5	2	1	3	4
5	2	6	3	4	1	7
1	3	4	5	6	7	2
2	1	7	6	5	4	3
3	4	1	7	2	5	6
6	5	3	4	7	2	1

260 ODDS AND EVENS

4	3	6	1	7	8	9	2	5
5	4	1	6	3	9	2	7	8
2	1	3	8	9	6	4	5	7
3	8	9	4	5	7	6	1	2
7	2	8	9	6	1	5	4	3
1	6	7	5	2	3	8	9	4
6	7	5	2	1	4	3	8	9
9	5	4	7	8	2	1	3	6
8	9	2	3	4	5	7	6	1

261 ODDS AND EVENS

4	3	1	6	5	2	9	8	7
3	2	9	8	1	7	6	5	4
7	6	4	3	8	5	1	2	9
9	5	6	4	3	1	2	7	8
6	1	2	7	4	3	8	9	5
1	8	7	5	6	9	4	3	2
2	9	8	1	7	4	5	6	3
5	4	3	9	2	8	7	1	6
8	7	5	2	9	6	3	4	1

264 ODDS AND EVENS

3	8	1	2	5	4	9	6	7
5	2	3	7	8	1	4	9	6
8	5	2	9	6	7	3	4	1
1	4	9	6	7	8	5	3	2
2	3	4	1	9	6	7	8	5
9	1	6	3	2	5	8	7	4
4	9	7	8	1	2	6	5	3
7	6	5	4	3	9	2	1	8
6	7	8	5	4	3	1	2	9

262 ODDS AND EVENS

8	5	4	7	6	1	2	9	3
9	2	5	4	1	7	6	3	8
2	9	1	8	4	3	5	6	7
5	4	3	9	2	8	1	7	6
6	7	8	1	9	4	3	2	5
3	6	9	2	7	5	8	1	4
4	3	7	6	5	2	9	8	1
7	1	6	3	8	9	4	5	2
1	8	2	5	3	6	7	4	9

265 ODDS AND EVENS

7	4	8	1	5	6	2	3	9
1	6	9	7	8	3	4	5	2
2	1	4	3	6	9	7	8	5
3	5	6	2	7	1	8	9	4
6	7	3	8	9	4	5	2	1
5	8	7	9	4	2	3	1	6
4	3	2	5	1	8	9	6	7
9	2	1	4	3	5	6	7	8
8	9	5	6	2	7	1	4	3

263 ODDS AND EVENS

7	6	3	8	4	9	5	2	1
9	8	7	3	2	5	6	1	4
6	3	2	5	8	7	1	4	9
1	2	9	7	6	3	4	5	8
8	9	5	4	1	2	7	6	3
3	5	4	6	7	1	8	9	2
2	1	6	9	5	4	3	8	7
5	4	1	2	3	8	9	7	6
4	7	8	1	9	6	2	3	5

266 ODDS AND EVENS

8	5	3	2	9	4	7	6	1
3	8	1	7	4	9	6	5	2
4	9	8	1	6	3	5	2	7
9	2	7	6	5	1	4	3	8
2	1	6	5	7	8	3	4	9
5	3	2	4	1	7	8	9	6
6	7	4	9	2	5	1	8	3
7	6	5	3	8	2	9	1	4
1	4	9	8	3	6	2	7	5

267 ODDS AND EVENS

4	1	7	6	2	3	5	8	9
7	4	5	8	3	1	2	9	6
6	7	1	2	9	4	8	3	5
5	6	9	7	8	2	3	1	4
2	3	4	9	5	8	1	6	7
3	9	2	4	1	5	6	7	8
8	5	6	3	4	9	7	2	1
9	8	3	1	6	7	4	5	2
1	2	8	5	7	6	9	4	3

270 ODDS AND EVENS

4	5	6	1	8	7	2	3	9
3	2	1	9	4	5	8	7	6
2	1	9	4	6	3	7	8	5
5	6	7	3	2	1	4	9	8
6	9	2	7	3	8	5	4	1
1	7	8	2	9	6	3	5	4
8	3	4	5	1	2	9	6	7
7	4	3	8	5	9	6	1	2
9	8	5	6	7	4	1	2	3

268 ODDS AND EVENS

4	7	6	3	8	5	2	9	1
9	6	7	2	1	4	3	5	8
2	3	1	8	7	6	9	4	5
3	2	5	9	4	7	8	1	6
5	4	2	7	9	8	1	6	3
1	8	3	6	5	9	4	7	2
6	5	4	1	3	2	7	8	9
7	9	8	5	2	1	6	3	4
8	1	9	4	6	3	5	2	7

271 ODDS AND EVENS

8	1	4	7	3	2	9	6	5
1	4	7	9	6	5	2	3	8
7	2	9	4	1	6	8	5	3
9	6	5	3	4	8	1	7	2
2	5	6	1	7	4	3	8	9
3	7	2	8	5	1	6	9	4
6	9	8	5	2	3	7	4	1
5	8	3	2	9	7	4	1	6
4	3	1	6	8	9	5	2	7

269 ODDS AND EVENS

2	7	4	9	5	6	1	8	3
9	8	1	5	4	3	2	7	6
6	1	5	2	7	8	3	4	9
1	2	7	6	9	5	4	3	8
4	9	6	3	2	1	8	5	7
5	3	2	8	1	7	6	9	4
7	4	8	1	3	2	9	6	5
3	6	9	7	8	4	5	1	2
8	5	3	4	6	9	7	2	1

272 PLOTTERS

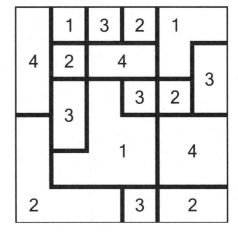

273 PLOTTERS

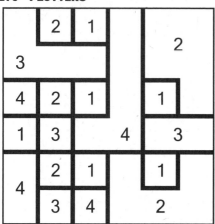

276 PLOTTERS

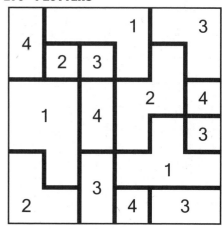

274 PLOTTERS

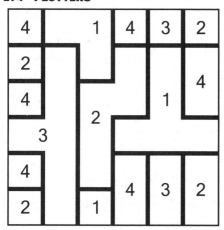

277 PLOTTERS

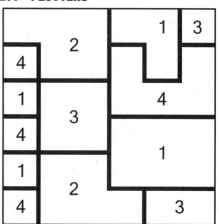

275 PLOTTERS

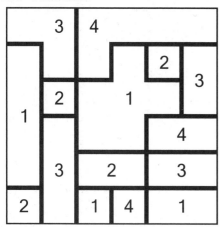

278 PLOTTERS

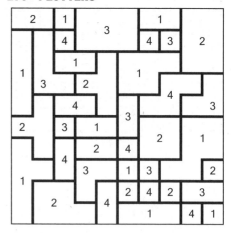

279 PLOTTERS

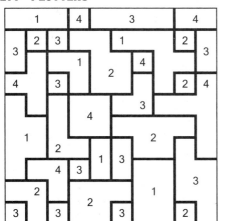

282 PLOTTERS

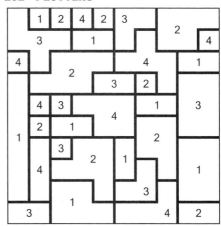

280 PLOTTERS

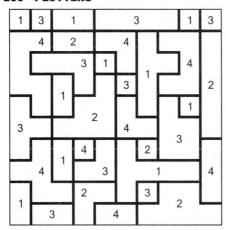

283 PLOTTERS

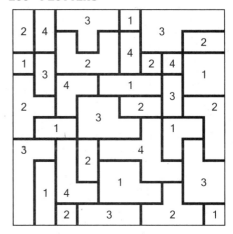

281 PLOTTERS

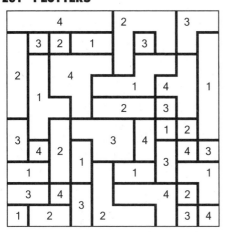

284 PLOTTERS

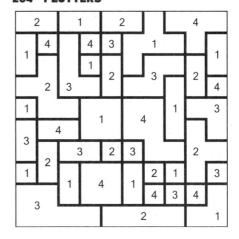

285 PLOTTERS

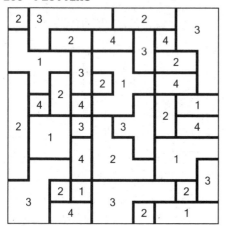

288 NUMBER CROSSWORDS

8	8	2	2	█	2	8	3	█	3	1	6	9
7	2	1	4	9	3	5	4	8	1	9	9	1
5	4	5	2	9	7	0	6	4	0	4	2	2
3	6	9	4	6	2	6	7	4	3	2	9	5
█	8	6	4	3	5	█	3	0	5	█		
6	9	1	6	4	0	█	3	7	7	6	8	5	3
7	8	2	█	7	0	8	8	4	4	█	5	5	0	9
6	4	1	7	0	█	4	8	7	█	2	6	9	5	8
4	0	9	2	█	3	6	3	4	2	9	█	1	0	9
5	1	2	5	2	0	7	█	9	6	1	0	3	3
█	4	4	1	█	8	3	8	2	7	█		
3	1	9	5	1	3	1	8	3	9	4	7	8
1	3	6	1	4	6	2	7	6	2	2	9	1
3	2	5	3	3	6	7	7	5	8	0	0	7
9	0	0	3	█	3	9	1	█	1	4	8	1

286 PLOTTERS

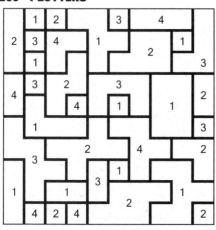

289 NUMBER CROSSWORDS

5	1	9	2	█	5	2	8	9	█	1	7	8	6	3
8	8	2	4	█	8	5	4	5	█	9	9	0	7	0
1	3	0	9	█	5	9	3	8	█	4	7	7	7	2
1	0	0	4	8	1	█	9	6	1	5	3	6	4	0
4	6	1	1	0	4	6	█	7	5	4	█			
█	1	8	4	0	█	6	2	7	5	3	2	2
4	8	8	█	4	0	3	5	█	8	4	7	9	2
9	8	1	9	1	█	5	5	5	█	7	4	6	4	5
8	7	2	2	2	█	6	4	3	4	█	9	3	3
8	7	8	8	5	8	7	█	7	4	2	4	█
█	6	8	8	█	9	0	2	1	2	1	3
1	2	6	5	8	3	6	9	█	9	9	3	7	0	0
9	0	3	9	4	█	4	3	8	2	█	1	6	1	8
5	2	2	8	4	█	8	0	9	4	█	7	7	3	7
6	4	7	2	8	█	2	3	3	5	█	1	9	8	9

287 NUMBER CROSSWORDS

3	8	8	3	█	5	3	2	█	3	4	4	1
1	9	8	2	█	1	1	4	0	3	7	7	6	3
8	5	1	2	█	3	0	6	6	█	4	3	0	4	5
5	3	6	1	5	0	0	9	2	█	1	8	6	3
█	1	8	0	1	7	█	2	6	9	█		
3	7	9	8	8	0	█	1	4	3	8	2	6	3
5	4	7	█	6	5	5	5	0	9	█	3	6	5	6
7	6	0	3	1	█	1	2	3	█	8	8	4	9	4
8	1	7	2	█	1	5	2	3	5	4	█	5	1	9
6	8	8	7	3	0	1	█	5	8	7	9	7	2
█	6	0	6	█	3	1	7	0	1	█		
2	1	5	9	█	5	2	7	2	3	3	3	9	2
3	9	1	4	6	█	4	8	8	9	█	9	0	0	3
7	2	2	5	3	█	3	1	3	6	█	9	8	1	0
8	3	0	5	█	5	5	6	█	1	0	2	3

290 NUMBER CROSSWORDS

2	9	2	2	█	6	6	4	7	█	3	5	5	3	7
2	0	1	3	█	6	8	0	1	█	8	6	0	4	3
3	5	9	2	█	3	1	0	9	█	4	8	5	6	5
7	1	5	2	9	0	█	7	7	3	3	2	5	5	2
1	3	0	7	2	9	1	█	8	3	1	█		
█	9	4	7	9	█	9	9	1	0	3	4	3
2	6	7	█	4	1	7	9	█	6	2	3	5	4
1	0	4	5	2	█	3	5	0	█	9	1	7	0	1
4	0	9	8	1	█	5	5	8	1	█	4	8	2
4	0	6	3	7	3	1	█	1	2	1	6	█
█	7	7	7	█	3	5	3	4	9	1	1
3	7	6	9	0	0	8	7	█	7	8	5	5	6	2
9	0	1	8	0	█	1	4	6	4	█	9	3	0	0
5	4	5	4	3	█	6	5	4	2	█	4	9	7	8
4	2	9	8	5	█	1	7	2	3	█	9	0	6	4

291 NUMBER CROSSWORDS

4	6	9	2	8	3	5	■	1	5	6	2	5
6	6	2	0	8	3	6	■	7	7	4	8	5
6	6	9	7	8	3	0	■	6	7	2	4	5
8	5	2	■	5	3	3	9	4	■	7	1	1
5	8	5	■	4	0	2	4	1	■	2	0	6
■	■	1	4	2	5	7	■	6	5	0	8	
1	8	4	2	6	■	■	9	9	5	6	8	
8	5	1	5	■	9	3	4	1	5	■		
3	8	2	■	1	8	0	5	0	■	6	4	4
1	6	9	■	5	0	4	2	1	■	6	3	8
8	6	0	6	7	■	7	7	0	6	1	5	0
6	4	8	1	8	■	5	1	8	9	3	2	3
4	9	0	4	6	■	7	8	4	9	8	6	3

292 NUMBER CROSSWORDS

8	8	3	2	5	6	4	■	2	3	6	4	7
2	1	7	4	7	7	5	■	2	7	3	4	7
5	6	8	2	2	4	9	■	5	2	7	1	0
1	8	3	■	2	3	7	4	0	■	1	4	4
2	5	7	■	8	0	6	7	5	■	6	9	7
■	■	5	0	3	5	0	■	8	3	9	8	
5	5	8	3	1	■	■	5	4	3	9	0	
4	8	9	8	■	1	3	5	7	1	■		
9	6	1	■	1	9	2	4	0	■	1	7	1
3	8	9	■	5	3	6	0	8	■	9	1	7
4	0	0	5	0	■	3	7	6	1	6	4	6
6	2	1	3	8	■	5	7	9	3	3	5	6
3	1	1	7	3	■	2	6	8	1	9	4	9

293 NUMBER CROSSWORDS

6	2	8	6	6	9	3	■	1	8	3	2	6
5	9	7	3	1	0	0	■	4	4	5	6	4
7	9	3	6	0	3	6	■	3	1	1	1	4
8	6	8	■	5	0	7	9	8	■	6	3	7
3	6	9	■	5	0	0	1	8	■	1	5	3
■	■	■	8	7	4	2	6	■	2	4	8	9
1	2	6	0	9	■	■	6	0	2	6	4	
4	4	0	5	■	4	2	5	3	6	■		
9	0	0	■	2	2	3	2	2	■	6	8	2
2	0	2	■	6	4	8	1	7	■	7	7	8
7	6	2	9	2	■	3	3	6	6	8	1	2
8	8	8	9	3	■	5	3	5	9	2	0	3
9	8	1	0	7	■	5	4	6	9	8	9	9

294 NUMBER CROSSWORDS

6	5	8	3	5	7	2	■	6	2	6	4	5
1	9	7	9	1	3	9	■	5	6	4	3	1
9	5	0	1	5	3	5	■	7	0	7	2	9
2	8	2	■	6	0	6	6	7	■	3	7	6
3	4	6	■	8	7	5	6	3	■	9	0	0
■	■	8	5	3	3	8	■	7	7	4	3	
5	3	6	5	4	■	■	8	6	2	5	6	
5	0	9	7	■	5	1	4	8	8	■		
8	0	9	■	4	1	1	1	6	■	1	9	3
2	2	1	■	3	0	3	8	5	■	7	3	1
5	2	4	6	8	■	7	4	9	7	4	9	9
1	5	2	1	9	■	7	7	9	0	1	3	1
3	5	1	6	7	■	7	8	2	8	9	0	2

295 NUMBER CROSSWORDS

6	5	8	2	■	4	7	9	4	■	7	5	5	2	8
4	0	0	7	■	8	6	0	7	■	3	2	5	2	3
5	0	3	0	■	1	0	3	5	■	4	2	7	9	6
5	9	7	8	3	0	■	8	9	2	5	3	3	9	7
3	1	9	1	4	5	2	■	3	1	5	■	■	■	
■	■	7	7	1	4	■	9	0	2	0	1	1	7	
8	3	3	■	8	0	9	0	■	5	2	1	7	5	
2	6	8	1	4	■	1	7	8	■	1	6	2	2	8
8	9	0	4	0	■	6	6	0	4	■	3	5	1	
0	0	0	0	5	2	0	■	8	9	9	6	■		
■	■	4	6	2	■	4	4	0	3	3	5	4		
1	9	8	8	0	7	9	7	■	8	1	5	7	0	4
5	5	0	5	9	■	1	8	9	7	■	5	2	4	2
5	6	2	6	6	■	1	7	4	5	■	4	6	4	8
5	1	3	3	1	■	1	2	1	1	■	4	5	6	5

296 SKYSCRAPERS

	1	2	2	2	
1	4	2	1	3	2
2	3	1	4	2	2
2	2	4	3	1	3
3	1	3	2	4	1
	4	2	3	1	

297 SKYSCRAPERS

```
        3   1   3   2
    2 | 2 | 4 | 1 | 3 | 2
    4 | 1 | 2 | 3 | 4 | 1
    2 | 3 | 1 | 4 | 2 | 2
    1 | 4 | 3 | 2 | 1 | 4
        1   2   2   3
```

298 SKYSCRAPERS

```
        1   2   2   3
    1 | 4 | 2 | 3 | 1 | 3
    2 | 3 | 4 | 1 | 2 | 2
    3 | 1 | 3 | 2 | 4 | 1
    2 | 2 | 1 | 4 | 3 | 2
        3   3   1   2
```

299 SKYSCRAPERS

```
        2   2   1   3
    2 | 3 | 2 | 4 | 1 | 2
    2 | 1 | 4 | 2 | 3 | 2
    3 | 2 | 1 | 3 | 4 | 1
    1 | 4 | 3 | 1 | 2 | 3
        1   2   3   2
```

300 SKYSCRAPERS

```
        2   3   1   5   2
    2 | 3 | 2 | 5 | 1 | 4 | 2
    1 | 5 | 4 | 3 | 2 | 1 | 5
    2 | 4 | 5 | 1 | 3 | 2 | 3
    4 | 1 | 3 | 2 | 4 | 5 | 1
    3 | 2 | 1 | 4 | 5 | 3 | 2
        3   3   2   1   2
```

301 SKYSCRAPERS

```
        2   2   1   3   3
    2 | 4 | 3 | 5 | 1 | 2 | 2
    1 | 5 | 2 | 4 | 3 | 1 | 4
    2 | 3 | 1 | 2 | 5 | 4 | 2
    2 | 2 | 5 | 1 | 4 | 3 | 3
    3 | 1 | 4 | 3 | 2 | 5 | 1
        4   2   3   3   1
```

302 SKYSCRAPERS

```
        2   3   2   1   3
    4 | 2 | 3 | 4 | 5 | 1 | 2
    1 | 5 | 4 | 1 | 3 | 2 | 4
    5 | 1 | 2 | 3 | 4 | 5 | 1
    2 | 3 | 1 | 5 | 2 | 4 | 2
    2 | 4 | 5 | 2 | 1 | 3 | 2
        2   1   2   4   3
```

303 SKYSCRAPERS

	1	2	3	2	3	
1	5	4	3	2	1	5
3	2	1	4	5	3	2
3	3	2	1	4	5	1
2	1	5	2	3	4	2
2	4	3	5	1	2	2
	2	2	1	4	3	

306 SKYSCRAPERS

				3	
5	4	3	2	1	5
2	3	1	5	4	
1	5	2	4	3	
4	1	5	3	2	
3	2	4	1	5	
			4	1	

304 SKYSCRAPERS

	2	3	1	2	3	
2	2	1	5	4	3	3
1	5	4	2	3	1	4
2	3	5	4	1	2	3
4	1	2	3	5	4	2
2	4	3	1	2	5	1
	2	2	4	2	1	

307 SKYSCRAPERS

			2			
1	5	4	2	3	1	
	1	2	5	4	3	
3	3	1	4	5	2	
	2	5	3	1	4	2
	4	3	1	2	5	
	2			2	1	

305 SKYSCRAPERS

	2	2	2	4	1	
3	3	2	4	1	5	1
2	2	5	1	3	4	2
3	1	3	5	4	2	3
1	5	4	3	2	1	5
2	4	1	2	5	3	2
	2	3	3	1	3	

308 SKYSCRAPERS

		3				
	1	4	2	3	5	
	2	5	1	4	3	3
	5	2	3	1	4	
3	3	1	4	5	2	
	4	3	5	2	1	
		2			4	

309 SKYSCRAPERS

```
      3           3
  4 | 1  3  4  5  2 |
    | 4  2  5  1  3 |
    | 3  4  1  2  5 |
    | 5  1  2  3  4 |
    | 2  5  3  4  1 |
                    3
```

310 SKYSCRAPERS

```
            1
    | 4  1  5  2  3 | 2
  3 | 3  4  2  5  1 |
  4 | 1  2  4  3  5 |
    | 5  3  1  4  2 |
    | 2  5  3  1  4 |
            3  2
```

311 SKYSCRAPERS

```
      2  1  2  3  2  3
  2 | 2  6  5  3  4  1 | 4
  1 | 6  5  1  2  3  4 | 3
  3 | 4  1  3  5  2  6 | 1
  2 | 5  2  4  1  6  3 | 2
  3 | 1  3  6  4  5  2 | 3
  3 | 3  4  2  6  1  5 | 2
      3  3  2  1  3  2
```

312 SKYSCRAPERS

```
      5  1  4  2  2  2
  2 | 2  6  1  4  5  3 | 3
  3 | 3  5  2  1  4  6 | 1
  4 | 1  2  5  6  3  4 | 2
  2 | 4  3  6  2  1  5 | 2
  2 | 5  1  4  3  6  2 | 2
  1 | 6  4  3  5  2  1 | 4
      1  3  3  2  2  4
```

313 SKYSCRAPERS

```
      4  1  3  2  2  2
  2 | 1  6  2  5  4  3 | 4
  4 | 2  3  5  4  1  6 | 1
  2 | 5  2  6  1  3  4 | 2
  3 | 3  5  4  2  6  1 | 2
  2 | 4  1  3  6  2  5 | 2
  1 | 6  4  1  3  5  2 | 3
      1  3  4  2  2  3
```

314 SKYSCRAPERS

```
      4  3  1  2  3  2
  2 | 3  2  6  1  4  5 | 2
  3 | 4  5  2  6  3  1 | 3
  2 | 5  1  3  4  2  6 | 1
  1 | 6  3  5  2  1  4 | 3
  2 | 1  6  4  3  5  2 | 3
  4 | 2  4  1  5  6  3 | 2
      2  2  4  2  1  3
```

315 SKYSCRAPERS

	3	5	2	1	2	4	
3	3	1	4	6	5	2	3
2	4	2	6	5	1	3	3
1	6	3	2	1	4	5	2
2	5	4	1	3	2	6	1
2	1	6	5	2	3	4	3
3	2	5	3	4	6	1	2
	3	2	3	3	1	3	

316 SKYSCRAPERS

	3	4			3	
2	3	1	2	6	4	5
5	1	2	4	5	3	6
2	5	3	6	4	1	2
	4	6	3	2	5	1
1	6	5	1	3	2	4
4	2	4	5	1	6	3
					5	

317 SKYSCRAPERS

	3	4			4		
	3	1	4	5	2	6	
4	2	3	5	6	4	1	3
3	4	5	6	2	1	3	2
	6	2	3	1	5	4	
	1	4	2	3	6	5	
	5	6	1	4	3	2	4
				4		3	

318 SKYSCRAPERS

			2				
	6	4	3	1	5	2	3
	3	5	2	6	1	4	
2	5	2	1	3	4	6	1
2	2	1	6	4	3	5	
3	4	3	5	2	6	1	
	1	6	4	5	2	3	3
		1		2			

319 SKYSCRAPERS

	3	2	2	2		
	2	5	1	4	6	3
	3	2	6	1	4	5
	6	1	2	3	5	4
3	4	3	5	6	2	1
2	5	4	3	2	1	6
2	1	6	4	5	3	2
	3		3	2	3	

320 SKYSCRAPERS

	4		2	3			
2	1	6	4	3	2	5	
	3	5	1	2	6	4	2
2	5	2	6	4	3	1	4
4	2	3	5	1	4	6	
2	4	1	3	6	5	2	
	6	4	2	5	1	3	3
			3				

321 SKYSCRAPERS

	3		2		2		
2	3	2	6	4	1	5	
	4	1	5	3	6	2	2
	6	5	3	1	2	4	3
2	5	4	2	6	3	1	
	2	3	1	5	4	6	
	1	6	4	2	5	3	
	4	1	3		2		

324 SKYSCRAPERS

	3	3	2	3	1	2	4	
4	3	4	1	5	7	6	2	3
2	6	5	7	1	2	4	3	3
4	1	3	5	2	4	7	6	2
2	2	7	4	6	3	1	5	3
1	7	1	2	3	6	5	4	4
3	4	6	3	7	5	2	1	4
3	5	2	6	4	1	3	7	1
	2	3	2	2	4	3	1	

322 SKYSCRAPERS

	4	4	4	3	2	2	1	
5	2	1	4	3	5	6	7	1
4	4	5	3	6	7	2	1	3
2	6	3	2	1	4	7	5	2
3	3	2	5	7	6	1	4	3
1	7	6	1	4	2	5	3	4
2	1	7	6	5	3	4	2	5
2	5	4	7	2	1	3	6	2
	2	2	1	3	4	4	2	

325 SKYSCRAPERS

	2			2	7			
	3	6	5	2	1	4	7	
	7	3	4	1	2	6	5	
4	1	2	6	7	3	5	4	3
	6	7	1	5	4	2	3	4
5	2	1	3	4	5	7	6	
	5	4	7	3	6	1	2	
4	4	5	2	6	7	3	1	
						2	4	

323 SKYSCRAPERS

	2	3	4	1	4	2	2	
2	5	2	4	7	1	6	3	3
3	4	6	1	2	5	3	7	1
5	3	4	5	1	6	7	2	2
2	2	7	6	3	4	5	1	4
1	7	5	3	4	2	1	6	2
2	6	1	7	5	3	2	4	3
4	1	3	2	6	7	4	5	2
	3	3	2	2	1	3	3	

326 SKYSCRAPERS

					1			
	6	3	1	2	7	4	5	2
	7	6	5	4	1	3	2	6
	4	5	2	6	3	1	7	1
2	3	2	7	1	5	6	4	
	1	7	4	3	2	5	6	2
5	2	4	3	5	6	7	1	
3	5	1	6	7	4	2	3	3
	2	3						

327 SKYSCRAPERS

	2			2			4	
	5	7	3	4	2	6	1	3
3	1	5	4	7	6	2	3	
3	2	1	6	5	3	7	4	
	4	6	1	2	5	3	7	
	3	4	2	1	7	5	6	
	7	3	5	6	1	4	2	4
	6	2	7	3	4	1	5	2
	5		3	2	4	3		